知的障害者の青年期への自立をめざして

江口季好編

同成社

はじめに

朝、顔じゅうに喜びを湛えて教室にとび込んできた三年生の城戸清吉君が、

「先生、とこやいった。ほら、ほら、いち　いった。」

と言って頭を見せにきました。「いち　いった。」というのは「一人で行った。」ということです。私は「城戸、えらい。」と言って、だっこして「高い。高い。」をしました。そして椅子におろすと、立ってみんなに頭を見せました。連絡帳を見ると、

「今日、一人ではじめて床屋に行ってきました。お金もちゃんと払ってきました。先生、ほめてやって下さい。」

というお母さんの言葉がありました。


その日の青く晴れわたった美しい空がながい年月たっても忘れられません。

また、ある日、豊田由香さんが「先生、書いたよ。」と誇らしげに作文帳をもってきました。由香さんはこんな詩を書いていました。

わたしのしごと　　　　とよだゆか

がっこうにかえってから
せんたくものを
とりこみました。

たたみました。
おこめをとぎました。
4はいたきました。
スイチをいれました。
おとうさんのおふとんを
しきました。
おかねを一〇〇円もらった。
ためました。

由香さんは六年生です。由香さんの家は、てんぷら屋さんでお父さんとお母さんは、夕方になるとお客さんが多いので店はたいへん忙しいのです。だから由香さんは、いろんなお手伝いをしています。私は「由香ちゃんは、先生よりえらい。」とほめました。すると、由香ちゃんは「先生のごはんも炊いてあげるね。」と言って、私の肩をポンとたたきました。

城戸君、豊田さん、そして多くの子どもたちの自立のときは、子ども自身の喜びのときであり、各家庭の喜びのときであり、私の喜びのときでした。私は全国のこんな喜びの事例を集めてみたいと思いました。私たちは途方にくれたり嘆いたりする日もありますが、こんな喜びのときがあるために、この教育の道を歩いていると思います。

たくさんの先生のご協力に感謝しつつ、この喜びを多くの方々にお届けいたします。

二〇〇七年五月

江口季好

目　次

第1章

こどもたちの自立を願って

1　自立とは

東京都大田区立池上小学校で一七年間心身障害学級を担任し、退職した一九八六（昭六一）年から大田区教育委員会で運営している若草青年学級の主事・講師として勤めてきたおよそ四〇年の間、私はいつも子どもたちの自立ということを願いつづけてきたように思います。

池上小学校で担任した子どもたちのなかにはダウン症で心室中隔欠損の子ども、脳性麻痺の子ども、脳や内臓に腺腫ができて次第に知能が障害される結節性硬化症の子どももいましたし、先天性白内障の子ども、髄膜炎の子ども、自閉症やてんかんの子ども、心身症など、さまざまな発達障害をうけている子どもがいました。そして、現在かかわっている青年たちもいろいろな障害をもっています。

このような子ども・青年たちとともに生きてきた私は、この子ども・青年たちの自立について考えなかった日は一日もなかったのではないかと思います。担任教師であったころはいつも子どもたちの話であけくれ、青年学級を担当してからも、父母の方々と、また先生たちと話し合うことが多く、また本を読みながらも、この子ども・青年たちのこれからの生活を思い、現在、何に力を入れたらいいだろうかと、自立のためのさまざまなことを想いめぐらしてきました。

また、この子どもたちの自立というのはどういうことなのか、そして人間一般の自立した生活とはどんなことかなどということも考える日がありました。そして、人間が生まれて死ぬまでの生活を想い通常の人間の人生と、さまざまな障害をもっている人の人生とどこがどうちがうだろうかと考えた日もありました。このことも自立について想う

A　普通の人生

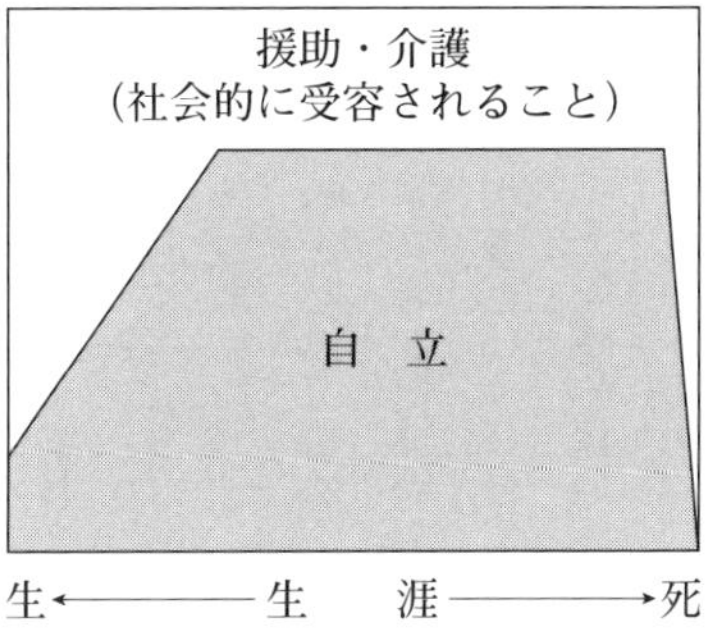

B　障害を持つ人生

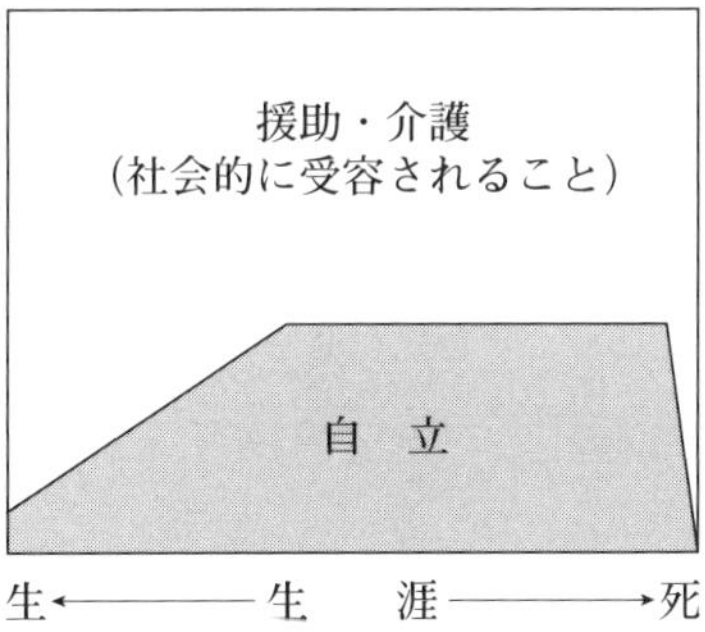

私のひとときでした。このことについて、いろいろと図を描いて考えたこともありましたので、それをここに描いてみます。

図形の説明

①Aの「生」のところは、Bの「生」のところより自立が高くなっています。Aの子どもはおなかがすくと元気よくないておっぱいを求めますが、Bの子どもはAに比べて低い声で求め、要求する自立性がやや低いようです。

②「死」のところでは「A」も「B」も自立はすべて消滅しています。私も息が絶えたあとで自分で棺の中に入れないし、火葬場の前で「ながながおせわになりました。」と挨拶し、自分でかまに入ってバーナーを点火し、そして自分で壺に入り、タクシーを呼んで墓に行き、その中に自分で入ることはできません。まったく自立はゼロです。

③生まれてからしだいに自立する力を身につけ、二〇歳を過ぎると、いわゆる自立した人間になるのですが、完全な自立はあり得ません。私は紙もペンも服も靴も自分ですぐには作れません。旅行するのに必要な電車や飛行機や自動車などもつくれません。多方面の制作者の力にたよってその援助で生活しています。衣・食・住のすべてが私には制作できないし、金銭によって解決しています。現代の生活自立は経済的自立によって成立しているため「B」の場合も金銭の収入による自立について社会的支援をふくめて考えることは大切なこととなります。

もちろん「A」にも「B」にも金銭関係の少ない生活自立の内容があることは言うまでもありません。

私が自立ということを強く意識し、想いつづけ、願いつづけているのは、心身障害学級を担任した出発のときからでした。それはトイレのことからでした。

入学式の後、子どもたちを教室に連れてきて机につかせたとき、すぐ席からはなれてピョンピョンとんでいる自閉症の子どもがいました。その子の手をひいて席に着かせていると、男の子が机の下におしっこをもらしていました。お母さんが床をふいてくれました。そのとき、ぬれたズボンのかえはありませんでした。お母さんもズボンもパンツも用意していませんでした。私が、お母さんに、

「うちでもおしっこの失敗は多いですか。」と聞くと、

「気をつけてさせていますけど、時々失敗します。はっきり、おしっこと言えませんから『シーシー』と教えていますけど。」

と言って、困った顔をされました。私はこのとき、

「じゃ『おしっこ出る』と言えるように教えましょう。」

と気がるに言いました。

子どもを帰した後、私はこの子どもたちの教育は、必要な言葉を必要なときに言う言語教育に力を入れなければならないし、子どもが自分の力でトイレに行ける力を身につけなければならないと思いました。これは、子どもたちの身辺自立の指導ということでした。

私はこの子の尿意の体の感覚力とその言語表現をどう指導したらよいか、先輩の先生たちと話し合い、私自身しばしば失敗させながら考えつづけました。

第一に思いついたことは、十五分おきにトイレに連れていって「おしっこ出る。おしっこ出る。」と言っておちんちんを出させ、おしっこをさせることでした。一か月ほどすると、二十分おきに連れていくようにしました。こうして、四十五分おきに連れていって失敗しないようになればいいし、休み時間になると、自分でトイレに行くようになれば、この自立指導は成功と考えました。

この子の場合、ほとんど失敗しないようになるまで三年かかりました。ときには大便の失敗もしました。お母さんに「毎朝、ちゃんと大便をして家を出る習慣を身につけてください。」とお願いし、また「おなかをこわしている時は必ず教えてください。朝、ジュースなどをたくさんのませないように。」などとお願いもしました。

ところが、つぎの年度にも、またつぎの年にも大小便の自立行動ができない子どもが入学してきました。一人は脳性麻痺の、手足の動きが不自由な子どもでした。外でも教室でも矯正靴をはいていて、この子の場合は介助が必要でした。（この頃から大田区で介助員が配置されました。）

つぎの年に入学してきた子どもは自閉症で、トイレに入ってペーパーをぐるぐる回して最後まで引き出さないとパニック状態になる子どもでした。この子も介助が必要でした。トイレのペーパーは棚を作って上の方に置きました。

ある子どもの家庭訪問のとき、お父さんが「うちの子は、寝小便をするので困っています。いくらおしりを叩いても治りませんので、夜はベランダに寝かせています。寒い日はかわいそうだけど。」と話されました。どうしたらいいか思い及ばず、クリスマスの夜、ケーキを持っていって、その子をなぐさめたりしました。

ある子どもは、大便を失敗したとき、私は校庭の足洗い場で、パンツを洗い、学級に用意しているかえのパンツをはかせました。そのとき、お母さんが校門から入って子どもを迎えに来ていられて私のしていることを見ていられたようです。数日後、私が家に帰っていると、この子のお父さんが「江口先生、いいところで会った。一ぱいやりましょう。」と店に連れていかれました。そして、「じつは家内から先生のことを聞いて、一度、お礼を言わなくちゃと思っていたんだよ。先生がうちの子のパンツを洗ってくれていたのを家内が見て、先生は気がつかなかったようだね。『幸一のパンツを洗ってやるのは私と江口先生だけよ。』と言って涙をふいたんだよ。おれは感動したよ。うちは神様を信じているがね、家内は『神様だって幸一のパンツのよごれたのは洗ってくれない。江口先生は神様よりえらい。』と言うんだよ。さあ、もう一杯やってよ。」とすすめられました。

私の自立指導の出発はこういうことでした。一学期に、そして通年、子どもの身辺自立を願い、学年がすすむ段階での新しい自立に想いをめぐらし、長い年月が過ぎていきました。この想いは小学校低学年から青年期へかけてのことでした。

私は長年、青年学級を担当してきて青年期の自立の課題もかなり理解することができました。この課題は青年期独自のことではないと思います。幼児から小学校、中学校、高等部にかけての内容がふくまれています。それは私たちにとっては各段階での到達目標的なものと見ることができます。

そこで私は自立にかかわる教育課題の内容を青年期から見て、小・中・高の教育に思いを及ぼすようにして、この全体像をとらえてみようと思いました。

2　青年学級の父母の願い

青年学級の主事を担当した頃から、毎年七回、予算化されている十二万八千円で家庭教育学級を開いてきました。

このうち二回は専門的研究者の父母の疑問にこたえてもらう講演会をもち、このほか神奈川県や埼玉県、都内にある施設や作業所を見学したり、私たち自身の話し合いをもったりしてきました。

こうしたなかで私は家庭教育学級で学習したい内容や、青年学級への要望を毎年アンケートで集計し、区の職員の方と協力して運営してきました。

このアンケートのなかには、子どもをこういうふうに育てていきたいので、青年学級ではこういうことを大事にしてほしいということがたくさんありました。それを一言で言うならば、「子どもの自立のために、このようなことをしてほしいと考える項目。」と見てよいものでした。

そして、この大量の内容は、小・中・高で指導してほしいという項目であると、私は理解しました。このことは、数回、全国各地での私の講演内容としてきましたが多くの学校と連携して実践的に体系化することはできませんでした。

この内容を私は分類してここにまとめておきたいと思います。自由に書いてもらったものですから、各タイトルは私が書き、表現を要約させてもらったものもあります。

(1)　言葉の力を伸ばしてほしい。

①言葉をはっきり、よくわかるように話す力をもたせてほしい。
②近所の人や親戚の者が来たときなどに明るく挨拶ができるといい。
③会社でよく話ができてよい関係がつくれるように。
④電話があったらメモをとって伝言できるといい。

⑤ケータイ電話が使えるように。
⑥テレホンカードが使えるように。
⑦話がよくできないで、弟をおこってよくぶつことがある。
⑧バカ・クソババ・死ね、など悪いことばを使う。
⑨敬語が使えない。
⑩駅の名前の漢字が読めて切符が買えるように。
⑪帰り道がわからなくなったら歩いている人か交番に行ってきけるといい。
⑫テレビ番組の字が読めるといい。
⑬新聞や雑誌が読めるといい。
⑭図書館の検索機で本がさがせるといい。
⑮図書館で好きな本が読めるといい。
⑯通りや店に書いてある英語がわかるように、英語を教えてください。
⑰相手の言うことばがわからなかったら、聞きかえす。
⑱お医者さんに聞かれたことに答えられるように。
⑲パソコンやメールができるといい。
⑳パソコンに打った文にまちがいが多い。
㉑日記が書けるといい。
㉒手紙、はがきが書けるように。

㉓年賀状を出せるといい。
㉔俳句や詩や作文が書けるように。
㉕定期券が、一人で買えるように。
㉖買い物ができるといい。
㉗若草で一日すごしたことをいつも日記として書かせてほしい。
㉘家の者と他の人たちに対しての言葉の使いわけができない。
㉙テレビを見ていて「見事だね。」と話しかけると「便利だね。」と言ったりするおかしな対話がなくなるといい。
㉚電車の中でまわりを気にせず大声で話す。
㉛手話を教えてほしい。

(2) お金を考えて使えるようになってほしい。

①千円札と1万円札の差がわからない。
②駅前のキャッチセールスに住所氏名を言わないように。
③買い物に行けない。
④必要な物を必要なだけ買うように。
⑤お金を使ってしまって、帰りの交通費がなくなって困った。
⑥お菓子やジュースをお金を持っているだけ買ってしまう。
⑦スーパーに行くと籠にどんどん入れてレジに持っていく。
⑧小遣い帳がつけられるようになるといい。

⑨物のねだんがだいたいわかるといい。
⑩お金を借りたり貸したりしないように。
⑪お釣りの計算ができるといい。
⑫お金の大切さがわかっていない。
⑬給料をもらってくるけど私（母）に渡すだけで、自分で好きな物を買う楽しみを知らない。
⑭バス代を出してもらった人にお礼を言わない。
⑮家からバスや電車に乗っていく往復のお金の計算ができない。
⑯お年玉をもらっても喜ばない。
⑰ミカンやリンゴや、石けんや電球などを買いに行くお使いができるといい。
⑱さくらんぼや、ももなどのセールスの電話に「はい。はい。」と返事をしてしまう。
⑲貯金の大切さを理解させたい。
⑳お金をあげると、相手が喜んで「また、ちょうだい。」と言うので親の財布からお金をとっていくのをやめさせたい。
㉑二十歳になって、ようやく百円や千円のねうちが少しわかってきました。若草でいろいろやっていただくおかげです。感謝しています。
㉒動物園に連れて行って象を見ていたら、「あの象買って。」とせがみました。買えるものと買えないものがあることをわからせたい。
㉓香典袋にお金を入れていたら「それ、ぼくにちょうだい。」と言いました。こういう社会生活のことがよくわか

っていないようです。
㉔自動販売機に残っているお金をさがしてまわるので困ったことだと思っています。

（3）病気の理解と反応。

①熱があっても頭が痛いと言わない。
②病院に一人で行けるといい。
③病気になるのがいちばん困る。
④薬ののみ方がわからない。
⑤救急箱の中の薬がわからない。
⑥偏食でカツどんばかり食べたがって困る。
⑦スナック菓子ばかり買って食べるので心配。
⑧鼻をほじくって鼻血を出す。
⑨指の皮をむしって痛がる。
⑩髪の毛をひっぱってぬく。
⑪放浪癖がある。
⑫自閉症は四十歳五十歳になったらどうなるでしょう。今からどんなことを考えたらよいでしょうか。
⑬薬の量や飲む時間がわかって自分で飲めるといい。
⑭メンスの処置がうまくできないのでこまっています。
⑮性器をいつもさわっている。人が来てもソファに寝ころんでさわる。

⑯女の子なのに性器をさわって血がでることもある。
⑰歯医者さんで、口がしっかり開けられない。
⑱病院に行くのをこわがる。
⑲お医者さんをこわがる。
⑳骨折をしたあと、病院のベッドでしばりつけられたことがあって、病院に連れていこうとすると暴れる。
㉑熱があっても寝ていない。
㉒どこがどんなに痛いか説明できないし、泣きわめく。
㉓視力検査がよくできない。
㉔薬は飲んでいるけれど、ときどき大発作を起こす。
㉕普通に歩いていてもチアノーゼになることがある。
㉖交通事故にあわないように交通安全について指導してほしい。
㉗地震のときどうするか教えてほしい。
㉘会社でけがしないように働く注意力を身につけたい。うちの子は手袋をして仕事をしているとき手袋が機械にまきこまれて指を大けがしました。
㉙風邪や「O―一五七」の予防について話してほしい。
㉚冷房のつけっぱなしを叱ってもきかない。
㉛病院に行けるけど何科に行くか、一人で行けない。
㉜夜、暗くすると眠れない。

㉝頭を洗うことができないなど、親の責任だと思っています。しっかり教えたい。
㉞うちの子は会社の仕事が忙しいので、いつも、けがしたり病気になったりしないように気をくばっています。
㉟会社を休むときなど、会社に「かぜひきましたから。」とちゃんと言えるように。

（4）日常生活のなかで

①ステレオやカセットやワープロなどの操作ができて、自分で楽しめるといい。
②仕事が多く、残業が四十時間でたいへん。
③会社でどなられ、いじめられる。暴力もふるわれることがある。
④しっかり働いても昼の弁当代くらいの収入で賃金が低い。
⑤会社が倒産すると新しい職場がなかなか見つからない。
⑥泳げるようにプールで指導してほしい。
⑦野球・テニスも喜ぶと思うのでやってほしい。
⑧公園のそうじをすることもいいと思う。
⑨土曜や日曜や祝祭日の日、自分たちで集まって楽しく余暇をすごす場所はないだろうか。
⑩少しでも多くの人が企業につとめ給料をもらえるように。
⑪親なきあとが心配。
⑫季節に合った衣服の選び方ができるように。一日中、暑くても汗をかいても自分で調節しない。
⑬ハンカチ・ちり紙の常用など指導してほしい。
⑭電話で約束した時刻が守れるように。

⑮親が出かけていないとき簡単な食事が作れるといい。
⑯自分でふとんをしき、またたむこと。
⑰朝起きたら、ひげをそるように。
⑱自分の部屋の身辺整理ができるように。
⑲外出したら約束の時間に帰ってくるように。
⑳ガスが使えるようになってほしい。電子レンジも。
㉑雨にぬれた傘を電車の中で人にくっつけない。
㉒自分でせんたくができるようになるといい。
㉓遊び方を知らない。
㉔近所のおじさんが死にました。でもときどきあいに行きます。「死」ということがわかっていないですね。どう教えたらいいでしょうか。親の死もあることですから。
㉕駅のトイレなどでも入ってからかぎをかけない。
㉖愛の手帳四度でも健常者のような収入は得られないので補助してほしい。
㉗自力で生きていく力をいろいろな面で伸ばしてほしい。今やるべきことを相談したい。
㉘何年も、いつもこう育てたいと努力してきましたが、いっこうに好転せず、今は障害をそのまま認めるほうが、親はらくな気持ちになります。こんな考え方はどうでしょうか。
㉙結婚して自立させるためにはどうしたらいいでしょう。

3　要望内容の検討

要望は青年学級の年間計画に生かすものですが、この父母の願いから私はいろいろなことを考えさせられました。第一は、言葉にかかわる内容、要望が圧倒的に多いということでした。私の青年学級では大半、国語教育に力を注いでいくべきではないだろうか、とさえ考えました。(2) のお金のことも、千円札と一万円札の差がわかることや、買い物に行けないことも、言葉の項に入れてもよいものです。(3) の病気の理解と対応のことも、熱があっても頭が痛いと言わないことをはじめ、言葉の理解と表現のこととして (1) の項に入れてもよい内容です。こうして見ていくと、アンケートの内容は大半、言葉にかかわるものとして見なければなりません。

このことは人間の生活における言葉の機能が人生を左右するものであるということの証のようでもあります。言うまでもなく言語の力は外界や自己を認識するものであり、それは認識の内容となり、人としての表現と行動となります。言語についてこう考えると、アンケートの内容の根底に、言語能力の成長を願っていられる父母の要望は当然のこととして理解できます。

私はアンケート全体をこう見て、学級生全員に、区予算でノートを購入し、一人一冊ずつ持たせ、日記や作文を書かせ、学級日に読むことにしました。

ところで、日記を読んでいると文章表現の指導として赤ペンを入れることと同時に書かれている学級生一人ひとりの生活に心を向けないではいられませんでした。私は一人ひとりに感想を書いて帰りに返しますが、コピーしてみんなに配り、話し合うようにもしました。

これは一人の喜びをみんなで喜び、一人の悲しみをみんなで悲しみ、生活についてみんなで考える時間でした。これらの作文は一年一冊、文集にして出しました。

第二は、この父母のアンケートを全国的に行って集約したら、どういうものになるだろう、ということです。おそらく、学校で考えていることや文部科学省で考えていることの内容よりもはるかに膨大な教育内容が提示されるものになるだろうということです。そのなかから、この教育にとって重要な価値のある項目を選び、その指導方法を研究することは、これこそ真実な教育の研究と実践になるものと思われます。これは夢想に近いものかもしれませんが、一つひとつの学級や学校や地域ではこういうとりくみは可能ではないだろうかと考えました。そういうことに値するものと考え、私は青年学級の指導に生かしてきました。

第三は、一人ひとりの児童・生徒に必要な具体的な指導内容がわかるということです。本来、教育方法の原則のなかに、個別的接近の原則と言ってよいものがあると思います。そして、今日の子どもの状況を見ると、このことはとくに重視ししなければならないことだと思われます。

また、さきの図形のグレーで示した「自立」部分の個別的指導内容として指導する項目ともなります。

第四は、父母の学習会の内容が現実に即して考えられるということです。前に少しふれましたが、この要望によって、茂木俊彦先生に「青年期の教育」について、吉本哲夫先生に「障害者の福祉」について、永野佑子先生に「性教育」について、小野隆二先生に「働くこと」について、大野英子先生に「子どもの心のうごき」についてなど、いろいろな専門家の講演を聞き、父母たちの疑問にも答えてもらいました。

こうした第一から第四までの対応はそのままで障害をもつ青年たちの自立への研究と実践でした。しかし、その歩みは喜びも悲しみもともにする明けくれでした。

4　社会的自立のすがた

学級生は作文ノートに書きたいことを書きたいように書いて私に提出しました。私はその作文で学級生の生活と思いを見つめ、また話し合ってきました。その作文をいくつかあげてみます。この青年たちの社会的自立の姿を知ってください。

ぼくのこと

ぼくのうちにはお父さんとお母さんと弟がいます。一建（軒）やのひろいうちです。お父さんは、このじきになると、よくつりに行きます。お母さんは夜になるとよく友だちのところにいきます。弟は友だちとよくファミコンをやっています。ときどきけんかします。時間がたったらなかなおりします。

ぼくは会社で仕事をしています。大井町できぐを作っています。バールにハフを入れて水でぬらして、トンガッている所をとって台にはこぶ仕事と、ドカンみたいのをノミで、かたくてほそいところをきり取る仕事をしています。

その仕事がうまくいかなくて、むずかしくて、なかなかおぼえられなくて、社長さんにカミナリみたいにどなられて、おばさんたちに、ほかの人がいいにきまってるじゃないかと、いやみを岩（言わ）れて、なんにもできないねと岩れて、にらまれて、ほかの人と同じように、うまくできなきゃだめだよと岩（言わ）れて、まい日くるしくて、いのちがなくなりそうでした。うれしいことは、若草でみんなとあそんで、なかよく楽しくあえることです。

仕事をしながら今思うこと

私は、昭和六十三年に矢口養護学校を卒業して田中屋製菓に就職しました。

仕事は、山のようにあります。

私は、「パイのふくろずめ」や「箱おり」や「ふくろあけ」や「シールはり」や「中じきりおり」や「日づけおし」や「にふだはり」や「ダンボールはこび」などの仕事をしています。

私は、せんぱいにおこられながらやっています。「しっかりしてよ」「なにやってるの」「何回も同じことを言わせないで」「しんけいをつかわせないでよ」と言われながらやっています。私も仕事にだいぶなれて来ましたが、もう少し私のハンディをカバーしてほしいと思います。

仕事がうまくいかない日は、少しイライラする時もあります。

仕事は、大変です。

私は、何回か辞めたいと思いました。

私は、二年前に腰痛が出ました。すごくつらくて仕事もあまり出来ませんでした。小海接骨院にかよいました。「しんけい痛みたいなものです」と言われました。そして腰にコルセットやサラシをまきました。

今年の三月宮下外科に行きました。先生が「筋肉痛」と言いました。レントゲンをとってもらいました。私は、運動不足と筋肉が弱いこととしせいがわるいと言われました。自分自身が筋肉が弱いと知らされた時、私は、「ガクン」とおちこんでしまいました。これから私の体は、どうなるのだろうと思いました。

私は、腰が痛くない人と同じように会社でどんどん動けたらいいなあと思いました。

私のせんぱいがやめたので、私と同じしょうがい者が一人入ってくれれば、私の腰もらくになるかもしれないいなあと思います。会社には、わがままが言えないし、やっぱり私はただひたすらはたらかなければいけないなあと思います。

私は、腰が痛くても会社でがんばって仕事をします。私は、腰が痛いぐらいでまけてたまるもんかと思います。くじけてはいけないと思います。

私は、いっしょうけんめい働いて、お金をためて、いずれ、通きんりょうに入って一人ぐらしが出来るようになりたいです。

会社でいっしょうけんめいつとめて、二万円ぐらい給料を上げてくれたらいいなあと思います。給料が上がったらお父さんとお母さんにこずかいをあげたいです。

私はほかの人よりおとっているぶん、いっしょうけんめいがんばっています。毎日休まないでかんばっています。

会社の人に何を言われても前むきな気持ちでやらなきゃいけないと思います。

私は、一週間たまったストレスをお父さんのお店へ行って音楽を聞いたり、お父さんとカラオケを歌ったり、若草青年学級へ行ってかいしょうしています。若草青年学級の主事は江口季好先生です。

若草青年学級で私は、班の実行いいんをやっています。私は、しゅみコースで音楽に入っています。音楽コースでピアニカをやっています。

音楽コースの時がいちばん楽しいです。

音楽コースが始まると気持ちがわくわくします。私は、腰の痛いのもわすれてむちゅうになります。

私は、目がわるいので、楽ふをかく大してもらっていっしょうけんめいれんしゅうをしました。若草のテーマ曲もピアニカやピアノでひけるようになりました。いろんな曲をおぼえたいと思います。

リーダーとふざけっこしてあそぶのも楽しいです。

若草が終ると月曜日からつらい一週間が始まります。

私は、会社のせんぱいにがみがみ言われながらしか仕事が出来ないのかと思うとなさけなくなります。でも、ハンディをもっていても自分なりに、ど力してくふうしていこうと思います。

仕事のこと

ぼくはまい日いつもはたらいています。トラックのぶひんをつくっています。朝8時から5時まではたらきます。13人ではたらいています。プレスをつかったり、ガスできったりしています。プレスで手をつぶした人もいます。びっくりしました。手がなくなりました。びょういんに行きました。ぼくはきもちわるかった。

会社はたいへんです。きをつけてはたらいています。

ぼくは、おかあさんに、

「きゅうりょう、どうぞ。」

とあげます。おかあさんは、

「ごくろうさん。」

といって、ちょきんしてくれます。

ぼくは、これからも、いっしょうけんめい会社ではたらきます。

しごと

わたしはあさはやくおきています。4時45分におきています。いえを出るのは5時3分に出ます。8分にでんしゃ。しごとはじめるのは5時30分からです。べんとうを作ります。

まいにち、あさはやいです。おべんとうばこをあらっています。まいにち、たいへんです。5時におわって、かえってくるのは6時近（く）になります。しごとは、がんばっています。

わたしは第2日ようびと第4月ようびが、おやすみです。ねています。ゴールデンウィークの5月3日は休みです。

○

しょうわ26年、いじょうのままで私はうまれました。おかあさんがしんだ。あにたちは、私がおかあさんをとったとおもい、ひどいしうちをしてきました。

それから、おとうさんはおさけのみになり、さんざんあたりちらして、くるしめました。45さいでたかいしました。

○

お父さんは、せんばんのきかいをやっています。妹はあかんぼうに、ほにゅうびんでミルクをやっています。妹のだんなは、かみカップの会社につとめています。

ぼくのお母さんはきょねんの2月ガンでなくなりました。新蒲田の大楽寺でそうしきしました。ぼくは、かなしい。さみしい。ぼくはお寺でおいのりしました。中へはいってお茶とおかしをでました。

○

ぼくは山田電化でメッキの仕事をしています。朝七時に家を出て八時すぎに会社につきます。メッキの液にアルミの品物を入れて、十分くらい入れています。あげてから乾燥機までだい車で運びます。エレベーターにのせて、品物をおろします。液でメッキをする前に、入れるとき目に液がとんできます。危険です。だから気をつけてやっています。忙しいと、おそく帰るときがあります。うちに帰るのが九時ごろになります。ぼくはがんばって働いています。

○

おしよと（お仕事）じょずなりたい。おきゅうりょうあがりたい。ぼくいつも、かいしゃいきます。はたらきます。

○

わたしは大森駅前の住宅のろうかそうじをしています。ダット室のなかを男の人といっしょにみがいています。エレベーターの中もそうじします。朝の8じから4じまではたらいています。やすみの日はパチンコをしています。どんどんたまがはいるので、おもしろいです。

○

四月から会社に入りました。会社に入ってから2か月たちました。はたらくっていうことは大へんだとおもいました。初めて給与をもらったときは忘れられないほどうれしかったでした。私の仕事はパネルふきとグロスのそく定です。パネルは白いきれ三枚使ってパネルのまわり中外とふいていきます。10時10分になったら休けいです。グロスそく定はいそがしいです。

月水金は8時までざんぎょうです。火木は7時までです。家にかえるとつかれます。でも私はこの会社に入ってよかったです。

○

ぼくのうちはお母さんとお父さんとぼくと三人です。おねえさんがうちに来ます。おばさんも来ます。ぼくのしゅみはミュージックをろくおんしております。ＴＶゲームであそびます。

ぼくは大田区矢口養護学校を卒業しました。大田福祉作業所へ行っています。吉野家のＴシャツをたたみます。

学級生たちの会社での仕事は、メッキの仕事、ステンレス加工、クリーニング、食堂の皿洗い、空きかんプレス、吉野家の箱つくり、トラックの助手など多様です。

私はこのような生活を綴った学級生の作文をできるだけ多くの人に読んでほしいと思います。ここには数点あげましたが、このような作文はたくさんの学級生が書いてくれました。

私はこんな作文を読むたびに、読みながら涙のにじんでくる日がたびたびありました。そして、健康状態を心配して話し合い、この実態の改善を考え、訴えたりしました。

また、こんな日には障害をもつ人たちの就労について、自立について想いつづけないではいられませんでした。

はじめに私は図形を載せました。この「Ａ」の自立と「Ｂ」の自立の内容は同じものもあるけれども、すべて同じではないと見ていただきたいと思います。ある会社で働く場合、健常者がすることと、障害をもつ人がすることは違うのが当然です。テレビやパソコンなどの解体作業についても、視力が十分でない人は小さなねじをはずす仕事などは不適当です。それぞれの障害にみあった仕事に従事して収入を得る経済的自立が保障されなければならないと思います。もちろん仕事の内容によって収入はちがうでしょう。その差は個別的ですが、終極的には「すべて国民は、健康で文化的な最低限度の生活を営む権利を有する。」(日本国憲法第二十五条)という内容に帰することだと思います。

しかし「B」の自立内容を明らかにし、そのすぐれた教育方法を求めて子どもを育てていくことは、子どもにとっても、社会にとっても大切であることは言うまでもないことです。

そこで私は青年学級の父母たちの求めている内容を小学校段階から考えると、全体的構造として、どう描いたらいいのか、一つの試案として提示したいと思います。

5　自立指導の内容

ここに、小・中・高の自立指導の項目をあげてみます。その初めはいわゆる「身辺自立」としていいものではないでしょうか。そして自立にかかわる各教科の内容も加え、しだいに図形「A」の自立内容も加味することになります。

(1)　小学校低学年の自立指導

①自分で大小便ができる。(おしっこや便意を感じて、自分で行き、ズボンやパンツを下げ、すんだら自分でおしりをふき水を流すことができる身辺自立。)

②食べ物と食べ物ではないものの区別がわかり、粘土やクレヨンなどは口に入れないようになる。
③自分のものと、人のものの区別がわかり、借りたら返す。
④スプーンやはしを使って、こぼさないように食べることができる。
⑤衣類の着脱ができる。
⑥挨拶ができる。
⑦靴下がはけ、靴が左右正しくはけ、自分の靴箱がわかる。
⑧一人で登下校ができる。（学校と自宅が近い子ども）
⑨赤・青の信号がわかり、歩道を歩く。
⑩身辺の物の名まえが言える。
⑪学校名・学年・先生の名まえが言える。
⑫床屋で散髪ができ、病院で診てもらうことができる。

（2）小学校中学年の自立指導

①きれい・きたないが感じられる。
②友だちと、いろいろな遊びができる。（自動車ごっこ・電車ごっこ・ブロック・ままごと・お店屋さんごっこ・ぶらんこ・シーソー・すべり台・砂場あそび・ボール遊び・ハンカチ落としなど。）
③自分で朝起きて着がえ、夜はパジャマに着がえてねる。
④自分で洗面ができ、歯みがきができる。

⑤自分で風呂にはいれる。
⑥学校に行く用意をし、自分でランドセルがしょえる。
⑦雨の日は傘が自分でさせ、たたむことができ、雨ガッパが着られ、長ぐつをはくことができる。
⑧今日は何月何日何曜日かがわかり、学校で何があるかがわかる。
⑨自分で学校に行く用意をすることができる。
⑩近くの店に行ってミカンやお菓子が買える。
⑪近所の人や先生に、挨拶ができる。
⑫ティッシュではなをかむ。

(3) 小学校高学年の自立指導

①のりを使用し、はさみを使い、ホチキスを使い、鉛筆をとぐなどが自分でできる。
②ジャンケンができて、友だちといろいろな遊びができる。
③体育のとき、バスや電車に乗るとき、コンビニで買うとき、順番を待って行動する。
④寝具をしいたり、たたんで片づけたりする。
⑤風呂で水を入れたり湯を入れたりしてよい状態にし、下洗いをして入り、各部を洗い、最後は手ぬぐいをしぼってかけ「あがったよ。」と伝える。
⑥「……していいですか。」と聞いたり「おさきに失礼します。」とか「おじゃましました。」など社交的用語が適切に使える。

⑦自分の家の住所・番地・電話・父母の名・学校名・担任名などが言える。
⑧薬を自分で正しくのむことができる。
⑨学校でも家庭でも、自分の考えや意見を言い、必要なときはその理由も言える。
⑩電話がかかったら、誰にかけてきているかをきいてとりつぎ、留守のときはメモをとり伝言する。
⑪よその家に行ったら、挨拶をして、敬語を使って話す。
⑫悪いさそいをうけたら拒否する。

（4）中学・高校の自立指導
①長さ（距離）、重さ、速さ、広さの単位がわかる。
②西暦年がわかり、年、時間、分、秒がわかる。
③生徒会の選挙、議員の選挙のことがわかる。
④自分の長所・短所が理解できる。
⑤いじめにあったら、その事実を話し、対策が考えられる。
⑥日用品の買い物ができる。
⑦一人で外食することができる。
⑧自分の将来のことがいくらか考えられる。
⑨自分がしたいことについて、計画を考え、費用を考え、安全を考えて、家族と話し合うことができる。
⑩聞かれたことについて、相手にわかるように話し、わからないことは、「そのことはわかりません。」と言う。

⑪ニュースに関心をもち、そのことを話題にしていくらか話し合うことができる。
⑫宿泊学習や家族で旅行するときなど必要なものを自分でそろえることができる。
⑬自分の行動予定について、ノートやカレンダーにメモをして約束を守って生活することができる。
⑭必要なときは家族を助け、高齢者に思いやりを持って接する。
⑮美しいものや、文化に感動する。
⑯動植物を愛護し、自然環境を大切にする。
⑰自分の生活を考え、思慮深く行動しようと考えることができる。
⑱働くことを理解し、自分の将来について考えることができる。
⑲生活上の権利について考えることができ、話に参加することができる。
⑳自分の障害について考えることができる。
㉑さまざまな実習に喜んで意欲的に参加し、いろいろな道具をうまく使うことができ、いろいろな仕事に興味、関心をもち、自分の力に応じて行動することができる。
㉒学校のなかで、日直の司会、運動会や文化祭などの計画や前日までのこと、当日のことを考え話し合い、自分の任務を理解し、行動できること。
㉓男女の体のちがいを知り、性、結婚家庭生活、出産などについての初歩的な理解をもつこと。
㉔現場実習の体験についてみんなで話し合い、自分の進路について考えることができる。
㉕自分の障害について必要なことを理解すること。また、人間としての価値にかわりはないということを理解し、自分にとって気をつけなければならないことを理解すること。この内容についてここに詳しく書くスペースはな

いので、その一部を記しておくことにします。

(1)自閉症で、バスにさわるのが大すきな男性が、バスが行っているところに近づいて死亡した事故がありました。自らのそういう個性を知り、注意力が必要であることを自覚させることが大切でした。このようなことは視覚・聴覚の障害のある生徒にも指導すべき大切なことです。

(2)てんかんであることを知り、薬をきちんとのみ、予感があったら自分で出来ることをする知識が必要です。（はき気がする場合は、はく物がのどにつまらないように横に寝るなど。）

(3)心臓病の場合は急激な運動をしないように、自分で気をつけること。

(4)視覚・聴覚障害の場合は、眼鏡を落としこわしたりしないように、また、リオネットなどを紛失しないように注意すること。話しかけられて理解できないことがあったら「もう少し大きい声で言ってください。」と応じることなど、恥ずかしいことではないという考え方をすること。

（5）移動教室前後

一年間の学校行事のなかで、子どもの自立指導にかかわるものとしては移動教室がいちばん大きな意味をもっていると思われます。大田区では私が担任になった頃は五年六年が参加していましたが五年後三年から参加することになりました。

十一校の子どもが静岡県伊豆に大田区で建てた伊豆高原荘という施設を利用して、五月下旬に二泊三日の宿泊学習をしています。中学校六校は長野県の施設で実施。

五月になると、私はこの予定内容を父母会で説明します。それはつぎのような事項です。

①宿泊学習に参加できるかを調べる校医さんの検診。そして参加費の集金。
②三日間の生活に必要な持ち物説明。校名・氏名を書き、子どもに自分のものであることがわかるように教える家庭での指導。
③朝六時に自分で起き、歯をみがき洗面できて、九時に寝る習慣づけ。
④薬をのんでいる子どもには、分量やのむ時刻や回数などを理解させ、正しく服用できるようにする家庭での指導。
⑤伊豆高原についたら、お父さんお母さんにはがきを書く。
⑥食事は好き嫌いなく、こぼさないで上手に食べることができる。
⑦昼でも夜中でも自分でトイレに行けるようにする。
⑧衣服の着脱ができ、置くべきところに置けること。靴下、洗面用具、帽子、スリッパ、雨具などの始末、おき方。
⑨風呂に上手にはいれること。
⑩寝具を自分でしいたり片づけたりすることができる。帰る日はシーツや枕カバーを出す。
⑪二キロメートルくらいリュックをしょって、水筒をもって歩ける。
⑫電車のなかで二時間くらい座席についていられる。
⑬集団からはなれないで歩き、行動する。
⑭体の具合が悪いときは先生に言える。
⑮部屋の掃除ができる。ほうき、ぞうきんが使える。
⑯キャンプファイヤーに参加できる。
⑰他校の子どもとも仲よくする。

⑱伊豆高原荘から一人で外に出ない。
⑲プールのそばに行かない。
⑳海岸で遊ぶとき水に入らない。
㉑いつも、今何時くらいがわかり、時刻と行動がだいたいわかる。

このようなことは父母にも子どもにも話し、家庭でも指導してもらうようにし、学校でも指導します。

この項のタイトルを「移動教室前後」としたのは、以上のような指導内容を学校と家庭が協力して一か月くらい行うからです。

移動教室の数日前には、ランドセルでなく、リュックに宿泊に必要なものをつめて登校させ、その内容を調べさせます。

移動教室から帰ってきたら、どういうことが自分でよくできたか数回にわたって、話し合い、作文も書きます。移動教室はこうして子どもの自立生活をすすめ確かなものにします。自閉症の松浦晋平君は伊豆高原から帰ったあと、つぎのような作文を書きました。二つ書いた二回目の作文です。

いず高原

六年　松浦晋平

いず高原にいきました。
電車にのりました。東口公園についた。山本先生と江口先生とながよ先生と、こうじくんと、たかゆきくんと、あき子ちゃんと、井上なおきくんと、ともみちくんと、めぐみちゃんと、ぼくと、みすずさんと、いず高原にいきました。けいひん東北線にのりました。川崎から東海道線にのりました。あたみからいず急線にのりました。いず高原にあるきました。いず高原につきました。きのみやじんじゃにいきました。みかんの花さいていました。かえってからおふろはいりました。ヤクルトのみました。

うちにはがきを書きました。食どうで、ごはんをたべました。みんなたべた。こぼさなかった。キャンプファイヤやりました。火のかみさまきました。江口先生かみさまになった。おやすみなさい。ねました。あさおきました。ふとんたたんだ。はみがきした。ごはんたべた。ハイキングいきました。おかしをたべました。うみがありました。あるきました。おべんとうたべました。こぼさない。バスのりました。おふろはいりました。からだあらってはいりました。シャンプーごしごしやりました。からだふきました。パンツはいた。ごはんたべました。こぼさない。じゃがいもたべました。おちゃのみました。ピアニカひきました。はみがきしました。おしっこやりました。ふとんしきました。おやすみなさい。あさおきました。ふくをきました。ふとんたたんだ。はみがきしました。ごはんたべた。こぼさない。うみにいきました。べんとうたべた。へやそうじした。ごみすてました。みんなならんだ。ありがとう。いず高原さようならしました。いずきゅうのりました。東海道線のりました。川崎からけいひん東北線にのりました。

かまたからママがありました。うちにかえって、おふろはいりました。ママおみやげパパおみやげ、大ちゃんおみやげやりました。石おもたい。けがしなかった。たのしかった。またいく。

移動教室前には学校や家庭で指導した内容が少しばかりこの作文に表れています。でも晋平君にとっては大きな成長のように思われました。

移動教室も学校行事の一つですが、これは特別に大きな自立指導をめざす行事なのでここにまとめました。

（6）学校行事前後

学校行事は各学校によって違いますので各月の項目は適宜ご自由にお読みください。もちろん、学校行事は、その日だけの指導で終わるものと、前後数日間必要なものがあります。

四月

・始業式・入学式

春休み中のことを話し合い、一年生が入学してくることを教え、やさしく友達になるように、具体的場面をあげて、お兄さんお姉さんになるように話す。一年生を紹介し、歌をうたってやったりする。

・給食

上級生は配膳を手伝う。「いただきます。」と挨拶していっしょに食べ、挨拶をして片づける。

・離任式・学級委員決定

長い間教えていただいた先生とお別れするという意味、また先生がお元気でと願う気持ちを理解させる。普通学級に準じて学級委員の話をして、推薦させて決める。

・保護者会

四月の保護者会は学校として体育館で全体の保護者会があり、この後で学級の保護者会を行うことがあります。私たちの学級では学級の保護者会と、個人面談的なものを重視した会が大切だと思います。

・避難訓練
火災のときと地震のときの訓練をする。この訓練の大切さ、避難の方法を教え、誘導する。
内科・レントゲン検査・検尿・身体測定・歯科
各検査について、教室で教師がまねごとをして、こわがらないでできるように、また、この意味を理解させる。
児童集会・クラブ活動
高学年が参加するが、ある子どもには教師がいっしょに参加し、会の内容を教える。
・遠足
数日前からどこへどうして行くか、迷子にならないように、けがしないようになど注意し、学習内容を理解させて当日を迎える。
・集金
朝、教室に子どもが来たとき受け取るようにする。高学年には何のお金か、理解させる。

五月

・憲法記念日・こどもの日
高学年に理解できる話をし、こどもの日の学校の行事に参加する。
・家庭訪問
担任はみんなそろって各家庭を訪問する。登下校、家庭での生活について話し合い、自立につながる話を中心にし、要望も聞く。
・心臓検査・寄生虫検査

心臓の検査は教室で楽しくまねごとをし、高学年には寄生虫の話をする。
・聴力検査・視力・色覚検査
教室で事前にやり方を教え、検査になれさせて行うようにし、検査の意味も話す。
・移動教室前健康診断――移動教室――
どこか悪かったら参加できないという心配な気持ちをもたせないように「行けるようにお医者さんにみてもらうんだよ。」と話す。
・運動会
普通学級の中に、二週間くらい前から、交流学級として入れさせることもいいし、独自のものをプログラムに入れてもいいし、楽しい一日にする。

六月

・眼科検診
普通にできる子どもと、できない子どもがいる。
できない子どもは日常生活のなかで判断することもある。
日本脳炎予防接種（四年）
蚊にさされないように話し、暑い日は帽子をかぶるように話し、病気にならないようにする注射だと話す。
ツベルクリン反応注射
病気の話をして、注射して病気にならないようにすることを話し理解させる。
・医療相談

一人ひとりの健康診断が終ったら医師に半日来校してもらい、個別的に父母と話し合う。

・家庭教育学級

どういうことを話し合い、学習したいかを父母のアンケートによってまとめ、教師と話し合う。

・プール開き

通常、この日に泳ぐのは普通学級の高学年で、子どもはプールサイドで話をきき、その内容は教室でさらによく理解できるように話す。

七月

・校外班集会

校外班別に校庭に集まって下校する。私たちの学級では遠距離通学の子どももいるので別に指導する。

・プール指導

水着にきがえ、シャワーを浴び、プールに入り、水になれるようにする。ビート板で泳げるようにする。

・保護者会

一学期に一人ひとりの子どもがどう成長したかについて話し合う。夏休みの家庭でのことも話し合う。

・終業式

通知表を渡す。(池上小学校では『全面的な発達をめざす障害児学級の指導計画案集』(同成社)の内容を要約したものを使用した。)

八月

・プール指導

泳ぐ能力に応じて指導時間を設定し個別的に実施する。父母にプールサイドで見ていてもらう。
・お楽しみ会登校日
夏休み中、数回登校日を決め、楽しく一日を過ごす。池上小学校では、金魚すくい、どじょうつかみ、ふうせんバレー、自転車乗りけいこ、散歩、紙しばい、童話の読みきかせ、プレー室でのボーリングなど、いろいろな計画で登校日を楽しんだ。

九月

・始業式・大掃除
夏休み中の生活、思い出を話し合う。父母に家庭での生活の様子を書いてもらった内容を読み、ヒントを与えながら話し合う。みんなで掃除をする。
・防災訓練
一九二三年九月一日、十一時五十八分、関東大震災が起こり、九万人が亡くなり、四日間火事がつづいた話をして、訓練をする。子どものひき取り訓練をすることもある。
・二百十日
台風の話をする。台風がきたら学校が休みになることもあることを話す。
また、二学期は運動会や遠足、演劇教室などたくさん楽しいことがあることを話し、楽しみを感じさせる。
・オーケストラ鑑賞教室
音楽をきくときの態度について話し、よいきき方ができるようにする。
・敬老の日

家族や近所の高齢者に心を向けさせ、よいことをたくさんしてくれた話をして感謝するようにする。

・秋分の日

先祖のお墓まいりをする話などで、祖先に心を向けさせる。

・十五夜

名月の日を教え、月を見るようにする。家庭でどんなことをしたか、後で話し合う。

・運動会・連合運動会

校内運動会とともに、連合運動会を楽しむ。いろいろな種目の話をして、練習もするなかで期待させる。係りの仕事の内容もわかるようにし、できるようにする。

十月

・お会式

池上小学校では、すぐそばの本門寺に全国から四十万人くらいの参詣者があり、万燈が通り、夜店がたくさんでる。全国各地でこのような郷土の行事があるのでその話をして楽しい日にしたい。

・インフルエンザ予防接種

二回接種することになるが、しない学校も多い。インフルエンザに気をつける話はしたい。

・遠足・修学旅行

計画の全体を理解させ、注意事項も考えさせる。終わったら学習に生かす。修学旅行は移動教室と同じようにとりくむ。

・演劇教室

劇団によって体育館でやってもらう劇の内容を理解させ、よい鑑賞態度でみれるようにし、後で感想を出し合う。

十一月

・文化の日

社会的には各地でさまざまな催しものがあり、そのチラシ案内もきたりするので紹介する。父母と自由に出かける場合もある。

・勤労感謝の日

この日の意味を話し、父母の肩をたたいてやるようなことをすすめる。

・研究授業

校内だけの研究もあり、他校からたくさん参加されることもある。一人ひとりの子どもの成長に着目する研究でありたい。

十二月

・展覧会

絵、習字、工作、手芸、詩、作文など、子どもの作品を展示する。出口に感想を書く用紙をおくと、参観者のいろいろな感想や意見を知ることができる。それらは学級だよりに載せさせてもらうことを用紙に書いておく。

・育成会行事

池上小学校に私がいた頃は、育成会で普通学級の子どもたちに鉛筆を売って会の行動費を作ることがいちばん大きな行事だった。鉛筆を休み時間に売るのに学級の子どももお母さんたちといっしょになって働いた。また育成会の活動にも子どもたちは参加する。

・クリスマス会

池上小学校では毎月誕生会をしていた。「ハッピバースデーツーユー」と歌い、ケーキを食べた。十二月は誕生会とクリスマス会をいっしょにして、私はサンタクロースに扮装してプレゼントを配った。

・終業式

通知表を渡し、二学期の生活について話し合い、ピアニカや笛が上手になったこと、一人で登校できるようになったことなどいろいろ話し合う。

また、年末、年始について話し合い、正月の歌など歌って下校させる。

一月

・始業式

冬休み中の話をする。正月はなんと挨拶したかな、お年玉をもらったかな、どこかへ出かけたかな、どんな遊びをしたかな、など話し合い、三学期にはどんなことがあるかを話す。

・成人式

成人式について話し、兄さん、姉さんが成人になる方があれば「おめでとう。」と言うように教える。

二月

・豆まき

節分の話をしてお面を作り「悪いもの」を追い出すことを考えて豆まきをする。悪いものについて、子どもたちと「かぜひきおには外。」などと言って一人に一つぶずつ投げさせる。

・連合展覧会

大田区十八校の学級の作品展。各学校のいろいろな出品を見に行く。自分たちも出品したいものを帰ってから話し合う。

・お別れ遠足

六年生が卒業することを話す。池上小学校では遊具のある公園に行き楽しい一日を過ごした。

三月

・ひなまつり誕生会

ひなまつりと三月生まれの子どもの誕生会をいっしょにして楽しみ「あかりをつけましょ」と歌い、あられを食べ、一人ひとりに歌を歌ったり、ピアニカをひいたりさせてお祝いする。

・クラブ発表会（音楽クラブ、演劇クラブ、読書クラブなど）

普通学級の体育館での発表を見る。

・卒業式練習

卒業式に歌う歌を練習し、六年生は卒業証書をもらう練習をする。全校の卒業式に参加するとともに私たちの学級だけでの祝賀会もする。

・卒業式・卒業を祝う会

・修了式

・春季休業始

卒業式には二十四日に五、六年が参加する。一年から四年までは一校時に校庭で、お別れ朝会をして下校し、五、六年は体育館に入場。

修了式は二十五日。式後、教室に入り、通知表を渡し、一年間の話をして、春季休業中の話をする。校庭開放があるので、友だちと校庭で遊ぶことについて話し合う。

この学校行事前後の項には、毎月定例で行う誕生会や避難訓練、父母会などの内容はかなり省略しました。各月のそれぞれの内容は、自立をめざしてすすめていくということでは同じですが、その内容や方法はそれぞれの学校学級でかなり違うのは当然です。この項がご参考になれば幸いです。

行事のなかで育っていく子どもの自立の姿が見える作品をこの項の最後に少しあげてみます。

学きゅういいん　　松浦晋平

ちょうかいがありました。
ぼくが、学きゅういいんやります。
たかちゃんをぶたない。
とんちゃんをぶたない。
まさとくんをぶたない。
へらへらわらうな。
ぎゃすぎゃすいわない。
うるさくしない。
わめかない。

大きい声ださない。
えんぴつかんじゃだめ。
おてつだいします。
おさらならべる。
つくえをならべる。
きおつけ。これからたいいくをやります。
これでたいいくをおわります。れい。

一年生　　　　　伊藤暁子

一年生がはいってきました。
こじまたえこさんかわいいなあ。
秋山たえこさんいいこ。
山わきようへいくんはめがねをかけています。
みんな元気です。
ようへいくんは、江口先生にだっこしにいきます。
コアラちゃんみたい。
目は、パンダみたい。

うんどうかい

あらかわたつや

ほくはかけっこをしました。
1とになました。
3ねんせいとはしりました。
はやいです。
ながよせんせいが1とうよていいました。
わらいました。
ぼくはうれしいです。
おとうさんもみてた。
がんばったねていいました。
またはしりたいです。

プール

土肥幸二

かえるのまねをしました。
およげるのです。
ゲロゲロと
およげるようになりました。
ジャボーンと

とびこみました。
およぎます。
かおもあたまもむねも
もぐります。
つめたくて
いいきもちです。

オーケストラ　　　　　　　　　とよだゆか

こうちようせんせいのおはなしをききました。
ドレミのうたをうたいました。
うんめいのえんそうをききました。
わたしもおんがくかになりたいです。
うんどうかいのきよくがながれました。
わたしは、
はくしゅをしました。
うまかったです。
オーケストラは、
五くみよりうまいみたいです。（注―「五くみ」は障害児学級）

がくげいかい

まつだみすず

ままがてをふりました。
わたしはゆきをよみました。
ながよせんせいとよみました。
ながよせんせいがぶたいのそばにいました。
まいくでいいました。
じょうずにできました。
みんなにこにこわらっていました。
ながよせんせいもわらっていました。
まさとくんもわらっていました。
わたしうれしかった。
がくげいかいをまたやりたいよ。
どうしてもやりたいよ。

第三がっき

土肥雅男

三がっきになりました。
ぼくは、

もうすぐそつぎょうをします。
かけ算は百点になりません。
早くおぼいたい。
わり算もおぼいたい。
百点になりたい。
おてつだいします。
みんなのふとんをしきます。
あやちゃんは、
しっかりへんじをしてください。
幸二君、
きれいな字をかいてください。
ゆうじ君、
やせてください。

（7）教科教育

青年学級で指導しながら私は小・中・高の学校で、もう少し教科教育のそれぞれの内容の理解が身についているといいなと思う日がたびたびありました。もちろん、知的障害はさまざまですが、可能性を考えながらもう少しと感じてきました。

自主プロといって、学級のそれぞれの班で午後一時から五時ごろまで自分たちで話し合って行動するプログラムの日があります。十人ほどの学級生が食後に何をするか話し合っているなかに私も入りました。班長が、

「どんなことをしたいか、意見を出してください。」

と言ったあと、一人の学級生が、

「ぼくはみんなで北海道に行きたいと思います。」

と発言しました。すると、そばにいた学級生が、

「北海道に行って何をする。」

と聞きました。すると、

「札幌ラーメン食べて帰ってきます。札幌ラーメン、おいしいよ。みんな行こうよ。」

と明るく誘いました。すると班長が、

「飛行機で行くの。」

と聞きました。「そう。」という返事のあと、また、班長が「お金いくらかかるの。」と聞きました。北海道へ行きたい当人は、

「羽田から行くんだよね。ぼくはお金いくらもっているかなあ。」

と自分の財布を出してお金を見ています。私はこの話し合いをつづけさせ、結論に到達するのを見ていました。しばらく話し合いがつづいて、今もっているお金では行けないこと、そして、五時までには帰ってこられないということをみんな納得しました。

これは一例ですが、こんな話題で話し合うなかで、私は北海道までの距離、往復時間、飛行機の料金など、小・

中・高の社会科をはじめとする教科教育の大切さを強く感じさせられました。この教科指導の内容を全面的に体系的に書くスペースはありませんので、青年学級で、中学・高校でこんな指導をしてもらっているとよかったと時々感じていたことを点描的に書きとめておくことにします。もちろん、ここでは、一人ひとりの障害による違い、成長段階についての考慮もしていません。

国　語

①五十人くらいの友だちの氏名が漢字で読め、都道府県名、主要な都市、駅名などの漢字が読めること。また、テレビ新聞に出てくる有名人の氏名が読めること。

②「ごんぎつね」「一つの花」くらいの長さの物語や説明文が読めること。この程度の理解力があれば一般的日常の会話はよくできる。

③三十人くらいの集まりで、誰かが言ったことを理解し、話題からそれないように日常的話題の話し合いができること。

④「しかし・それとも・だから・すると・つまり・そうすると」などの接続詞を使って自分の考えが表現できる。

⑤四百字の用紙に二、三枚の文章が書けること。このくらいの表現力があれば、はがき、手紙はよく書ける。

⑥履歴書が書ける。

⑦国語辞典、事典などでわからないことを調べることができる。

社　会

①世界の国や首都の名前、どこにあるかなどが十か国くらいわかること。ヒマラヤ、アルプス、ナイル河などの自然、日本の山、湖、海、平野、川などがわかること。

②古代から現代までの主なできごとや人物の名前がわかること。
③鉄道、駅名、飛行場、交通安全などの理解。
④工業、農業、漁業、商業、公務員などの人々が働く社会のこと。
⑤選挙についての理解。

数　学

①一万までの四則の計算、分数・平均・%・プラス・マイナスなどの理解。
②長さ、重さ、量（面積・時間・角度など）の単位の理解。
③電卓の利用。
④グラフ・図形・直角・平行線などの理解。

理　科

①動植物の名前（各三十種ほど）と育ち方。
②人体各部の名前と機能、血液などの理解。
③気象、気温、地震、温暖化の理解。
④四季の理解。
⑤東西南北、太陽、月、星の理解。
⑥電池、電灯、スイッチ、テレビ、ビデオ、CD、DVD、ケータイ、アイロン、ストーブ、エアコン、電子レンジ、エレベーターなどの理解。
⑦物質の変化、温度、酸素、重力、カロリーなどの理解。

音　楽

①七、八割の青年や大人が歌う歌がうたえる。（赤とんぼ、夏の思い出など）
②ハーモニカ、ピアニカ、笛、ピアノなどで少し表現できる。
③音楽会の演奏を楽しんで静かにきき、演劇を楽しんで見る。
④一人、または数名でステージで歌うことができる。

美　術

①文で表現したいことに合わせて絵をそえることができる。
②絵を描くこと、デザイン、彫刻、陶芸などに親しみ、表現意欲をもつこと。
③美術館などに行って楽しんで鑑賞する。

保健体育

①マット運動、鉄棒運動、幅跳び、高跳び、短距離走、マラソン、リレーなど楽しんでやれる。
②プールで泳げる。
③サッカー、バレーボール、テニス、ソフトボール、卓球、野球のルールが大体わかっていて楽しむ。
④フォークダンスに参加し、創作ダンスに興味をもつ。
⑤傷害の防止や疾病の予防の大切さがわかり、応急処置が必要な場合についての理解。
⑥衛生の知識、環境を汚染しないことの理解。
⑦（友だちや自分の）具合が悪いときはすぐ知らせる。

技術・家庭

①接着使用、簡単な工具が使える。
②電気機器の簡単なものが安全に使える。
③作物の種類、育て方がわかる。
④パソコンが使え、文字の変換に気をつける。
⑤家計についていくらかわかる。
⑥食事、被服についての理解とマナー。
⑦ごみの処理、室内の整備ができる。
⑧食品の栄養の理解、調理が少々できる。
⑨家庭の団らん、幼児とのよいつきあい方。

英　語

①アルファベットが読め、ローマ字で書くことができる。
②身辺の簡単な英語の単語がわかり、書ける。
③数個の単語の文がわかる。
④簡単な英語の歌がうたえる。

道　徳

①みんなのなかで、明るく楽しく行動する。
②自分が考えていることは、相手にわかるように話す。
③人に礼儀正しく接する。

④生命の大切さをしっかり考える。
⑤将来の希望を考え努力する。
⑥集団で行動するときは勝手なことをしない。
⑦公衆道徳の理解。自然環境を大切にすること。
⑧わが国の文化、今日の文化に関心をもつ。
⑨犯罪や法律、憲法などの理解。

ここにあげた事項は初歩的な理解でよいものと、よく理解させておかねばならないこととがあります。社会生活力のステージとして、小・中・高の教科教育の参考としていただけると幸いです。

第2章

自立指導の実践

一　小学校の実践

1　名前をおぼえて育つコミュニケーション能力

池上小学校で私がはじめて担任した低学年の子どもたちは、ほとんど「ことばがない」といってよい状態でした。また、五人の子どもはお互いに関心をしめすことがない状態でした。私がみんなに「席について。」「椅子にすわって。」などと言っても、こんなことばの内容は理解できないようでした。一人ひとり自分勝手に教室の中を歩き回る状態でした。

私は五人の子どもがいちように関心を示すものは何だろうと思い、いろいろな物を教室に持ちこみ、それに注目させるようにしました。それは、人形、動物のぬいぐるみ、ミニカーや電車、大きな文字のカードの絵、ときにはビスコなど、いろんな物を見せてみんなの視線を集めました。すると欲しがってとりに来る子どももいます。私はこんな

とき、

「ちょうだい。」

と言わせて手を出すようにさせました。もちろん、私のまねをして「ちょ」というような音声を出せば手にのせてやりました。

しばらくすると大きな箱にいろいろな物を入れて教室に持ちこんでいたら、箱の中を見にくるようになりました。こうして、私に関心をもたせていくうちに、それぞれにいくつかの音節が発音できるようになりました。

そこで私は音節指導をはじめました。私が顔をかくして、パッと顔を出して「ばー」と言いながらまねをさせました。泣いている絵を見せて「えーん。えーん。」と言います。自動車を床に走らせて「ブーブー」と言います。犬のぬいぐるみを出して「ワンワン」などと言って、いっしょに遊びました。

このころ私は一人ひとりに連絡帳をもたせて、お母さんに家での様子や、食べたものを書いてもらい、朝の一校時には食べ物の話をするようにして、豆腐を食べた子どもに「と」と言わせ、パンを食べた子に「パン」と言わせ、牛乳を飲んだ子には「ぎゅうにゅう」と言わせました。もちろん「牛乳」とは言えません。「にー」などと言っていました。

ところで、帰るときに私は連絡帳を一人ひとりに配ります。すると、自分の連絡帳をとりにくる子どももいました。そこで私は連絡帳の表紙にそれぞれの子どもの名前のひらがなの一字を書き、子どもに配らせるようにしました。子どもの机の上には一人ひとりの連絡帳の文字と同じ文字を書いておきました。そして、同じ文字を見せて、発音させながら配らせました。

なかじまきみひこ——な

きどせいきち――き
からさわよしのり――か
おおばやしえいこ――お
きたむらゆうこ――き
毎日こうして発音させながら配らせていると、しだいに一音節で友だちを呼ぶようになりました。私が一音節で呼んでいたからです。
つづいて私がフルネームで呼ぶようにしたら子どもたちも数音節で呼び合うようになりました。こんな呼び方です。
なかじまきみひこ――なかみこ
きどせいきち――ちど
からさわよしのり――かっか
おおばやしえいこ――おおば
きたむらゆうこ――ゆーこ
お互いに名前を呼ばれると呼んだ友だちの方に顔を向けます。私が「なかみこ」「ちど」と呼ぶと私の方に顔を向けます。子どもたちはミニカーを持って「ちど」と呼び、二人でいっしょに走らせて遊ぶようになり、友だちどうしのコミュニケーションが見られるようになりました。
こうして、友だち関係が成立し、集団としてのまとまりも生まれ、ともに遊び、いっしょに同じ学習の時間がもてるようになりました。
この経験から私は中学年、高学年にかけて、普通学級の子どもの名前をおぼえさせて仲よくなるようにすすめ、また先生たちの名前をおぼえて関係がもてるようにしました。

運動会の前日、先生たちが校庭にラインを引きテントを張っていました。中嶋君が五時間目がはじまったとき急に窓ぎわに行き、

「脇先生――」

と呼びました。

「なんだ、中嶋。何か用か。」

と走って来られると、中嶋君は、

「仕事！　仕事！」

と言って、遠くの方を指さしました。脇先生は、

「はい、分かりました。仕事します。」

と答えてひき返して行かれました。

ある日、プールの時間が終わって校庭を歩いて教室に向かっていると、花壇のところに校長先生がいられるのを見つけて、城戸君が、

「校長先生！」

と呼びました。校長先生は笑いながら、

「城戸君、泳げるようになったか。」

と話しかけてきました。すると城戸君が、

「校長先生、ちんちんある？」

と聞きました。校長先生は、

「あるよ、ここに。城戸君のより大きいのがあるよ。」

と、ちんちんを指しながら笑いました。

　名前を知って、呼べるようになることはコミュニケーションの力を伸ばす大前提となる指導内容だと思います。私はこの子どもたちと普通学級の子どもたちとのよいコミュニケーションが成立するように、休み時間にはいっしょに校庭に出て、普通学級の子どものなかで遊びました。

　松浦君は自閉症で、人間関係を育てることに私はいろいろと工夫をしました。校庭でいっしょに遊びながら、松浦君が一人で普通学級の子どもの中で遊べるように名前をおぼえさせました。やがて、松浦君がこんな作文を書きました。

ゆき

五年　松浦晋平

ゆきがふりました。

江口先生と笠原先生とすず木先生とながよ先生と山本先生と、ようへいくんと、なおきくんと、たつやくんと、あき子ちゃんと、すうちゃんと、前田君と小宮君と宮本君と、横山君と井上たけお君と、林先生と岩田君とさくらい君と、さい藤君と山下君と、小ばり君と、かさ島ひさよし君と、ますおきよし君とよし竹君と山中君と、なお井先生と、じんぼ君と、しゅうへい君と小田君と、おさ田君と久保田君と、４年１くみの男の子と、６年４くみのおさない君と、あんざい君と伊藤先生と高橋先生と、わたなべ校長先生と、みんなゆきをなげました。おもしろかった。たのしかった。うれしかった。ゆきだるまをつくりました。手がつめたかった。

この作文には先生たちが十人出てきます。普通学級の子どもが二十人以上出てきます。二月十九日、久しぶりの大雪の日、校庭いっぱいに、私の学級の子どもと普通学級の子どもが入りまじって二時間目の休み時間まで遊びました。晋平君は大声で普通学級の子どもの名前を呼びながら楽しく雪なげをしていました。

もちろん、いつもの昼休みにも名前を呼んでジャングルジムや雲梯やすべり台でいっしょに遊んでいました。そして、「いっしょ、帰ろう。」などと言っていました。そんなとき、晋平君はじつに楽しそうでした。こういう生活ができるようになったのは、友だちの名前をおぼえ、言えるようになったことによることだったと思い、その後も私はこの指導を大切にしてきました。

（この項の担当：江口季好）

2　一つの日記でみんなの偏食がなおった

中学年（三年2人、四年2人）を担任しているとき、私は五時間目が終わると、その日の日記を書かせて提出させてから「さようなら」をしていました。すると松田美鈴さんがこう書いてもってきました。

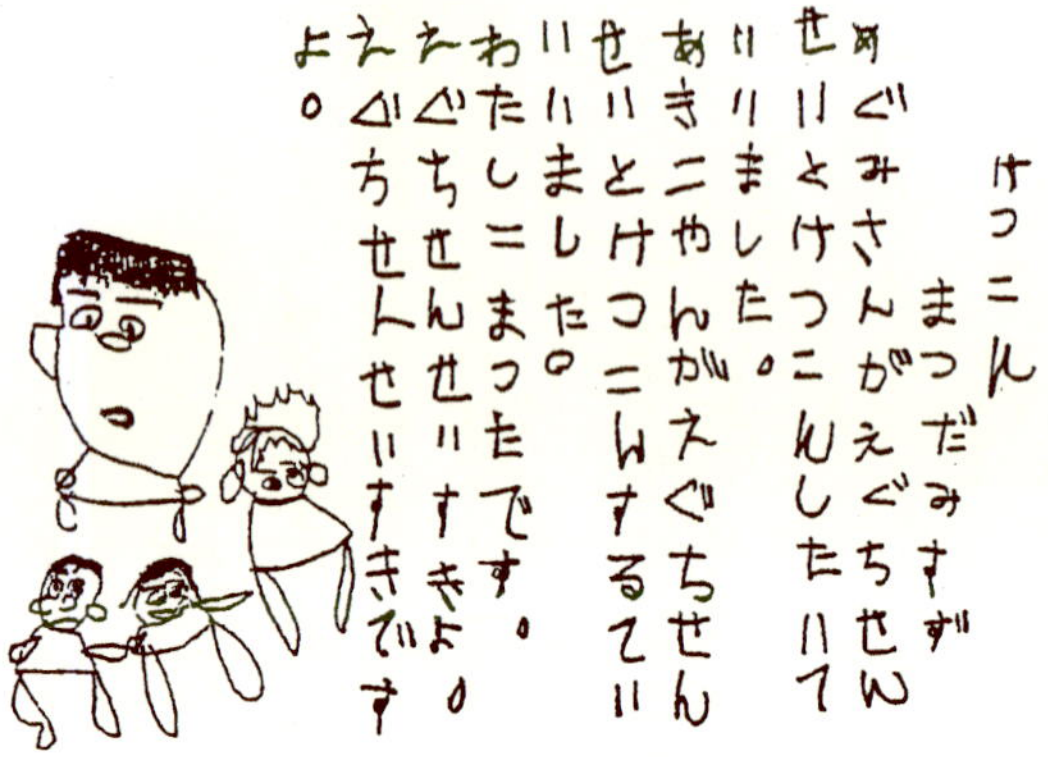

けっこん
まつだみすず
めぐみさんがえぐちせん
せいとけっこんしたいて
いりました。
あきこちゃんがえぐちせん
せいとけっこんするてい
いいました。
わたしこまったです。
たぐちせんせいすきよ。
えぐちせんせいすきです
よ。

この日、給食を食べていると、めぐみさんが私を見てにこにこ笑っていました。私が
「めぐみちゃん、何がうれしいの。」

ときくと、めぐみちゃんが私の顔を見て、

「先生、結婚しようね。」

と顔を上下に動かしながら言いました。私はこのとき、

「いいよ。結婚しようね。でも、もっと大きくならないと、先生くらい大きくならないと結婚できないね。給食、いっぱいたべて。」

と言いました。めぐみちゃんはにっこり笑って、

「うん。」

と言いました。すると美鈴さんが涙を浮かべて泣き出しました。

「どうしたの。」

「わたしも江口先生と結婚するの。」

「そう。いいよ。結婚しようね。給食いっぱいたべて大きくなってね。」

「うん。牛乳、のむ。」

「いい子だね。えらい。えらい。」

美鈴さんとこんな話をしていると、こんどは暁子さんが声を出して泣きだしました。

「暁子ちゃん、どうしたの。」

「わたしも江口先生と結婚するの。」

「そうか。よしよし。暁子ちゃんと結婚するよ。三人と結婚するからね。さあ、給食のこさないで、いっぱい食べようね。」

三人ともうなずいて上機嫌。二人の男の子はちょっと淋しそうでした。

給食のとき、こんなことがあって、美鈴さんは「けっこん」という題でこう書いたのでした。

五人の子どもたちは牛乳がきらいだったり、人参がきらいだったり、キャベツがきらいだったり、好き嫌いが多くて、私は偏食をなおすいい工夫はないものかと思っていたので、給食に出るものを残さず食べると大きくなるから結婚できるということで、つぎの日から、

「先生と結婚するんだから、大きくならなきゃ結婚できないからね。」

と言いつづけて食べさせました。すると一年も経たないうちにだいたい好き嫌いがなくなり、何でもよく食べるようになりました。

美鈴さんの日記の一つからこんな成長が見られたことは「不思議なことだ」と思われました。

こうして私は校庭の周囲を歩くとき、「美鈴さんと結婚しようね。」と言って手をつないで歩き、しばらくすると「今度はあき子ちゃんと結婚しようね。」と言って手をつないで歩き、「つぎは、めぐみちゃんとね」と言って樹木や草の名前を教えながら歩き、学校の近くの本門寺公園まで散歩したりしました。

こんな日々、私は学生の頃に読んだ有島武郎の『惜しみなく愛は奪ふ』の一節を思い出しました。

「愛は心を支配する数多き神秘的な力の中でも一番興深い神秘的な力である。（中略）　私はまだこの謎を開くべき鍵を確に握つてゐない。」

という言葉です。「結婚しようね。」という愛情にねざした心が生活を変革していったことは「要求や願望が子どもを

育てていく」という一つの教育実践論として存在するように思われます。この教育原理は、「愛は自らの心を支配して育てる」と提言してもいいのではないかと私は考えています。

（この項の担当：江口季好）

3　一人で登下校できるまで

一年生に入学した子どもたちは翌日からみんなお母さんといっしょに登校してきます。そして給食が終わる頃（午後一時）お母さんが靴箱のあたりで待っていて、いっしょに下校します。学校によって多少ちがいますが、私がなが年勤めた池上小学校では入学式のあと一週間は、お母さんがＰＴＡ室で待っていて二校時が終わると一年生は下校ということにしたこともありました。

こうして一週間すぎると、お母さんたちには校門のところにいてもらうようにして、私がそれぞれの子どもに靴をはかせ、校庭をいっしょに歩いて、校門を出て「さようなら」をしていました。登校のときも子どもによって多少ちがいますが、お母さんと校門のところで別れて一人で教室に来るようにしてきました。もちろん、その頃、私が靴箱のところに待っていて教室に入るようにしますが、この登下校の世話はしだいに介添さんにまかせるようにして、私は教室にいて子どもたちを迎えるようにしました。

そして一人で登校ができるようにしていくのですが、この自立性は子どもによってそれぞれちがいます。自閉症のゆう子ちゃんは、入学以来、卒業までお母さんといっしょに登下校し、お母さんは毎日教室の中にいられて、ゆう子ちゃんが一人で教室を出て校門を出て行くようなことがないようにしていられました。ある子どもの家庭は学校のすぐ近くで、一か月ほどすると、家と学校の登下校は一人でできるようになりました。

しかし、ゆう子ちゃんの場合などをのぞいて、全員が一人で登下校ができるようになることは大切な自立教育の内容ですから一人ひとりに即した指導が大切です。私が担任した五十人ほどの子ども一人ひとりについて書くことはできませんので、その主な指導について書くことにします。

①兄さんや姉さんが池上小学校に在校している子どもは、朝はいっしょに登校し、下校時の指導をします。兄さんや姉さんといっしょに帰りたいのですが、六校時が終わるまで待っていられないので、帰りだけお母さんに引きとりに来てもらいました。私はお母さんに帰路の道順、気をつける場所などを教えてもらうようにし、適当なときに、少し後ろから離れてついて帰ってもらって、一人で帰られるように指導してもらいました。兄さん、姉さんはいなくて、近所にいっしょに登校してくれる上級生がいる場合も、同じ方法ですすめました。いっしょに登下校できる普通学級の低学年の子どもが近所にいる場合は好都合でした。帰るときに私の教室のそばに来て待っていてくれるときもありました。こうして一人で登下校できるようになるときを待ちました。

②大田区には当時小学校が63校ありました。心障学級は18校に設置されていました。そこで池上小学校の近くの小学校の校区内の家庭から通う子どもがたくさんいました。池上小学校の子どもに比べると、その子どもたちは二倍三倍の距離を歩かねばなりません。信号も多く、吼える犬がいたり、歩道橋があったりします。それぞれの子どもに適切な指導が必要です。でも楽しいこともあります。

家庭訪問の期間には下校時にいっしょに手をつないで子どもの家までいきます。えい子ちゃんのうちにいっしょに行ったときは、歌をうたいながら歩きました。えい子ちゃんはとてもうれしそうでした。えい子ちゃんのうちでは、おそばをご馳走になりました。

その翌日、下校時に私のところに来て、「えぐち先生、おうち行こうね。」と言って帰りません。私は「えぐち先生。おうちおいで、と書いたらいく。」と言ったら、えい子ちゃんは「えぐちせんせいおそ」と書いてもって来ました。「おそ」というのは「そばあるよ。」ということです。「えぐちせんせい」というのは私の教卓に書いてあるのを見て書きました。でも、その日は職員会議の日。「今日はだめ。先生は用があるの。」と言うと、こんどは「えぐちせんせい×」と書いてもってきました。そして私の前に来て姿勢をよくして「江口先生さようなら。」と礼をして帰っていきました。そして、次の日もまた次の日も「江口先生、おうち行こうね。」と言ってきました。しかし、いっしょに行けません。つぎの日は「江口先生、ジュースあるよ。いっしょ行こう。」と言い、また次の日は「江口先生、ビールあるよ。」などと言ってきました。私は「来年、行く。」と言って、来年の語の意味を教えたりしました。

登下校ができるようにしていく自立への過程にも、こんな楽しいことがいくつかありました。

③でも、楽しいことばかりではありません。子どもたちは他校の校区から通うので、いじめに合うこともあります。お母さんに「離れて後ろからついて帰っていますと『おい、バカ。いち足すいち、いくらか、言ってみろ。』なんて言われていました。」と悲しく訴えられたこともありました。そんな場面の子どもの抗議の作文を区内の研究会で私は読んで話題にしたりしました。

また、帰り道にお菓子屋があって、それをだまって口に入れた子どももいました。こういうことでの生活指導もしました。また、道でおしっこする子どももいました。それを知ったときは「帰る前にトイレに行く」ということを習慣づけさせたりしました。また、ある日、校庭のゴミひろいをした翌日、登校の途中にあったこわれた傘をひろってきたり、ゴミおき場から破れ靴をひろってきたりすることもありました。こんなとき「拾っていいもの、いけないもの」についての理解を深める指導をしたりしました。

登下校という一つの教材はじつに多面的な教材をふくんでいます。登下校だけではなく、運動会でも、避難訓練でも、そのなかには自立につながるさまざまなことが混入しています。それらの多面的な指導のなかで子どもたちは自立への歩みを続けていきます。

（この項の担当：江口季好）

4　絵本の読み聞かせで読書好きになったこと

低学年では紙しばいで物語に心を向けるようにして、中学年になると絵本の読み聞かせをして、高学年になると自分で本を読み楽しむことができるようにと、私は長いあいだ指導してきました。

こうして本が読めるようになり、読書力が身につき、物語だけでなく、理科や社会科関係の本も読むようになると、各教科の力も育つ基礎学力となります。

中学年を担当したとき、テレビのおばＱの話になり、おばけはどこにいるかという話し合いになりました。私は「首の長いおばけもいるかもしれないよ。目も鼻もないおばけもいるかもしれないよ。」などと楽しく話し、「おばけのお話の本を読んであげる。」と言って『ジャムねこさん』（大日本図書発行・松谷みよ子作）のなかの『オバケとモモちゃん』を読んでやりました。

モモちゃんはテレビを見ているといろんなおばけが出てくるのでオバケがほしくなって、十円もってオバケを買いに出かけます。オモチャ屋さんに行って「おばけひとつ、ちょうだい。」と言うと、お店の人が「はいはい、オバケのおにんぎょうね。」と持ってきます。モモちゃんは「ほんとうのオバケ」と言います。動物屋さんに行き、やお屋さんに行き、さかな屋さんにも買いに行きます。でもありません。しばらく行くと「オバケ屋」と看板の出ている店がありました。モモちゃんはその店に入って行きました。――このつづきは明日読んであげる――と、おしまいにします。翌日、子どもたちは「読んで。読んで。」と要求してきました。

『あなにおちたぞう』（偕成社発行・寺村輝夫作）も喜びました。象が大きなあなに落ちます。さるがひっぱってもだめ、きつね、さい、かばがひっぱってもだめ。「さて、どうなるか、明日また読んであげるね。」と言って、石をあなに入れて出してやる話を楽しませます。『あめだま』（大日本図書発行・新美南吉作）という、舟の中で一つのあめだまを二人の子がうばい合っているので、いねむりをしていた侍が「うるさい。」と刀をぬいてやってきて、あめだまを二つに切ってやる、ヒヤヒヤする物語や、アンデルセンの『はだかの王さま』など、たくさん読んでやりました。子どもたちは物語が大好きになりました。

そのうちに「先生はくたびれたから読めないよ。」と言って、読み聞かせをやめたら、自分たちで読むようになりました。

どの子もたくさん読みました。そして読んだ本のことを作文に書きました。その一つ、松永幸一君の作文をご覧ください。これは松永君が大急ぎで書いたもので、少々読みにくいところもあります。松永君は多読派です。もちろん気に入った物語を何回もあきることなく読む子どももいます。この松永君の作文には二学期に読んだ十五冊の本の名前が出てきます。

本

五年　松永幸一

こんび太郎が石っ子太郎にかった。みどう太郎にかった。ばけものがでてきた。こんび太郎がかなぼうでぶ（ん）なぐった。

ちょうじゃのおよめ（むこ）さんになった。よか（っ）たです。

スーホはモンゴルにいました。白いうまをたすけました。けいばのとき一とうになった。とのさまがよこせよこさない。

白いうまがしんだ。スーホがばと（う）きんをつく（っ）た。けらいはわるいです。

きかん車やえもんはけむりをだしました。年をとりました。はくぶつかんにいった。よかったです。

アフリカのたいこ読みました。ポンポンたい長ライオンころした。タンボがたいこをうった。よかったです。

大きなかぶを読みました。おじいさんがおばあさんをつれてきました。まだとれない。ねずみとねこといぬとまごでとりました。よかったです。

おいもころころ読みました。

おしょうさんとこぞうさんがお寺にいきました。おいもがお（っ）こちました。おしょうさんがこれまでこれまてといいました。こぞうさんがおいもをころがしました。

これまてといいました。おもしろかった。

ないた赤おにを読みました。

青おにがなぐりました。赤おにがなきました。しくしくとなみだをふきました。かなしかったです。

モチモチの木を読みました。じさまがびょうきになりました。まめたがおいしゃに行った。まめたががげんきになりました。よかった。

こぞうさんのおきょうを読みました。むこうのほそみちぼたんがさいたといいました。おまんじゅうをうさぎにやりました。よかった。

かわいそうなぞうを読みました。しんだジョンがしんだ。十七日なんにもたべないでしにました。ワンリーもトンキーもしにました。ぼくはかわいそうでした。せんそうをやめろといいました。かなしいでした。はけたよはけたよがおもしろかったです。かたあしあげてどでんどでんた（っ）くんがた（っ）くんがパンツをはかないでそとへいきました。うしうまねずみねこいぬがじろじろみていました。おもしろかったです。こぶとりを読みました。おどりのじょうずなじさまのこぶがぶんぐるぶんぐるゆれている。おもしろかった。こぶがなくなりました。となりのじさまがこぶがふたつになった。おもしろかった。かさじぞうを読みました。ゆきがふりました。じぞうさまにかさをかぶり（せ）ました。おじぞうさんがもちをもってきました。よかった。ろくべえまってろよ読みました。あなはふかくてまっくらです。犬はまぬけです。かごでたすけた。よかった。こんび太郎はつよいです。よわいのはばけものです。怪獣の本をかってもらいました。よみたいです。ウルトラマンの本をかってもらいたいです。ドラえもんの本をかってもらいます。きょうはきょうりゅうです。おとうさんにかってもらいます。池上の本やさんでかってもらいます。きょうはこんび太郎とごんぎつねともっていきます。これでおわりです。

（この項の担当：江口季好）

5　生活の自立をめざすお金の学習

学習を始める前に、子どもたちの一人一人の机に二枚の学習板と本物の硬貨とおもちゃの紙幣を縮小した千円札を置いておきます。学習板はスチールペーパーを張って磁石が付くようにしてあり、大きさは30×22.5㎝と22.5×15㎝の大小二枚。また、本物の硬貨には裏に磁石が張ってあり、それが教材であることを示しています。その横にはＢ５の紙が置かれ、数字を書いたり、計算したりする場所があります。そして、何も張られていない、すっきりした黒板が学習の場となります。

黒板に提示するお金は６㎝ほどの大きさの模型で、硬貨に合わせて、色を変えています。模型のお金を色画用紙に印刷し、それを切り抜き、ラミネートで張った物を使います。裏に磁石を張ります。丈夫で、色鮮やかな硬貨の模型です。

能力の差の大きい五人の子どもたちが一緒に学び合うには、このような準備が必要です。

まず、一円玉を二枚とり、黒板に張ります。色鮮やかなお金は、全員の子が見てくれます。すぐに「二円」との声が返ってきます。

小さな学習板に置かれたお金を指して「二円を大きな学習板に置いて。」と言うと、スピードには差がありますが、全員が移していきます。

次に、十円玉を三枚とり黒板に貼ると、「三〇円。」と答えが返ってきます。

同じように子どもたちはお金を大きな学習板に移します。そして「一円玉が何枚ある？」「十円玉は？」「合わせていくら？」などと質問します。

学習は百円、千円と続きます。

お金の魅力のせいか、どの子も自分なりにその課題に取り組みます。言われた金額を書いたり、合計額を計算したり、五円玉、五〇円玉も扱ったりして授業は進められます。そして位に色づけしたB５のプリントにその金額を書いていきます。

ある子にとっては難しいと思われますが、百、千といった位になっても、思いのほか子どもたちは楽しく学習に取り組んでいます。このような学習を一緒にした後、さらに個別の学習に入ります。

お金の枚数を数え、その位に気をつけながら数字を書く子、言われた数字を正しく書く子、お金のマッチングを繰り返しながら、硬貨やお札の理解を定着させる子、五円が四枚で二〇円といったかけ算をする子、四〇円を五人で分けたらいくらといった割り算をする子など、その子に応じたお金の学習を展開します。お金の学習には、多くの要素が含まれていて、子どもの実態に応じた個別の学習が必要です。

時には、買い物学習にも応用されます。普段からお金の学習に慣れていると、レシートを見て金額をそろえるのが容易になります。

お金には一緒に学んでいるといった共通の意識がはたらくとともに、実際の生活にも生かされ、学びを深めます。

算数は、一人一人の能力の差が顕著で、五人は、ゆっくり数える子、足し算の原理が理解できない子、かけ算、割り算ができる子などが混在しています。しかし、一緒に学ぶ意義は、この算数の学習でも、とても大切です。最初から個別の学習をするのではなく、みんなで学習する場を設けます。その後に、その学習を発展させる子、それを確実に身につける子など、さまざまな実態の中で学習を進めていきます。集団と個の学習を充実させることで、学習は確かなものになります。

一緒に学び合うためには、どんな教材を用意するか、どんなプリントを用意しておくかが、とても重要です。マッチングが中心の子も、かけ算ができる子も一緒に学びあえる教材・教具作りがその基礎にあることを日々の実践で強く感じます。また、お金の学習は、十進法を教えていくうえでも有効であることを、強く実感しています。さらに、実際に買い物ができること、小遣い帳がつけられること、お金の大切さなども指導したいものです。

今、私はお金について指導することの大切さを痛感しています。知的障害の子どもが「お母さんの財布からお金を取って持ってこい」と言われて、持っていった話を数回ききました。通常学級の小・中学生もお金を要求されるいじめにあって、持っていったり、そのために自殺した事件も少なくありません。また大人の社会でもお金にかかわる犯罪は毎日のように報道されています。

そこで、私たちが担任している子どもにも、お金についての理解を深め、正しい考え方をすることができるように、小・中・高の段階でどんな指導的内容を設定し、それをどう教えていくかについて研究することは、たいへん大事なことだと思います。その内容を詳しくここに書くことはできませんが、大切なことはつぎの諸項目ではないかと考えています。

①お金の種類がわかり、数種のお金の合計がわかる。
②お金の大切さがわかり、無駄づかいしない。
③買いたい物の大体の金額がわかる。
④物を大切に扱い、小遣いは計画をたてて使う。

⑤お金の貸し借りで人とトラブルをおこさないようにする。
⑥盗み、詐欺、不法販売などを警戒できる。
⑦働くことで収入を得ることがわかる。
⑧家計のことがわかる。
⑨貯金、ローン、保険などのことが少しわかる。
⑩国税や地方税のことが少しわかる。

（この項の担当：根岸久仁夫）

6　自立をめざす自己認識

土田彰子さんは五歳の秋、おままごとをして遊んでいるとき、ダンプカーにひかれて大けがをしたことが原因で、てんかん発作を起こすようになり、その後また自転車がぶつかってきて頭を強く打ち、病院にずっと通うようになって、池上小学校の心障学級に入級してきました。

この話を聞いて私は思わず涙をふきました。彰子ちゃんの知的レベルは普通学級と心障学級の境界とみてよい状態でした。構音障害もほとんどなく、私との対話も十分できました。一年間でひらがなの読み書きもできるようになり、一位数の加減もできるようになり、日記も詩も作文も書けるようになりました。以下、二年生のときの日記です。

二ねん　土田しょう子

九がつ23日　木よう　くもり

きのう、あつこちゃんと、ゆうちゃんと、わたしとかえりました。あっちゃんのうちによりました。おじちゃんにくりをま（も）らいました。うちにかえりました。くりのことないしょ。おかあさんが、よりみちしちゃいけませんよとゆうた。わたしは、いやゆうた。そしたらけつぶたれた。

一がつ14日　金よう　はれ

あつこちゃんとかえりました。あつこちゃんがはしの上でしゃがんだ。てんかんみたい。わたしがそばで手をにぎっていたらかおをあげました。手をつないでかえりました。ひとりでかえると、こうつうじこになります。わたしはあつこちゃんのうちまでいきました。あつこちゃんがこうつうじこにならなくてよかったです。

一がつ28日　金よう　はれ

りんごをむいて手をはんぶんきりました。びょういんにいって、手をぬってちゅうしゃをして、しょうどくをしてくすりをぬってもらいました。おかねをはらいました。千三百三十円はらってかえった。ママは一まん円もっていたからよかった。これで五つめです。まさこちゃんとプリンをつくっているときダンプカーがわたしとしょうとつしました。じてんしゃがあたまにぶつかりました。へんとうせん。ころんだときくぎがぶつかった。こわいはりでぬいました。

二月24日　木よう　はれ

あさごはんのときせきしました。ままがおくすりをくれました。ねつは七ど五ぶでした。またおふとんにねました。がっこうのことかんがえました。めの中に先生がほんとうにでてきた。ゆうちゃんが先生にかわいがってもらっているゆめをみました。

三月七日　火よう　はれ

ゆうちゃんとウルトラマンごっこをしてあそびました。ゆうちゃんがころんでしまいました。わたしはすぐほけんしつにつれていきました。だいじょうぶだった。よかった。これから、みんなけがしないようにあそびます。

彰子ちゃんは日記や作文に、病気のことやけがのことをたくさん書きました。それは自分がひどい事故にあったり、病気をしたりしたことが心に強く残っていたからだと思います。

三月八日、私がそうじをしていて手にとげをさしたので「痛い。」と大声を出しました。彰子ちゃんがとんできて、私の手を見て、保健室に引っぱって行きました。そして養護の先生に「江口先生の手、早く治して。」と頼みました。先生に赤チンをつけてもらうと「わたしもつけてあげる。」と言って、手がまっかになるほどいっぱいつけてくれました。それから

「わたし、白い服きて、白いぼうしかぶってしたい。」

と言いました。また、

「先生、わたし、かんごくさんになりたい。」

と言いました。

「かんごくさんじゃない。かんごふさんよ。」

と教えて、

「先生が、けがしたり病気したりしたら、看病してね。しっかり勉強しないと看護婦さんになれないよ。」

と言うと、彰子ちゃんは太陽のような笑顔で「うん。」とうなずきました。

それから彰子ちゃんは、看護婦さんになりたいと、九九をおぼえ、漢字もたくさん書けるようになりました。

三年生になって世田谷区に転居されることになったとき、私は「普通学級で大丈夫です。」と話して転校させました。しかし、中学校はやはり心障学級にすすみました。そして日野市程久保の七生福祉園の高年女子寮に入って仕事

をするようになりました。

看護婦さんをめざしてがんばっていましたが、幼い頃の脳損傷を克服することはできませんでした。限りなく悔しく、悲しいことですが、これから彰子ちゃんなりの生き方をしてほしいと願わないではいられません。

その後、私は小・中学校、また高等部で国語の授業をして「将来の希望」について話し合うこともありました。そのとき、子どもたちは「お巡りさんになって、悪いやつを逮捕したい。」とか「新幹線のぞみ号の運転手になりたい。」とか「コンビニにつとめてバーコードをやってレジをやりたい。」とか「お医者さんになりたい。」とか「消防自動車を運転したい。」などと言ったりしました。そんなとき、一応希望を聞いて、そうなれるためには、こんなことが出来るようにならなくてはならない、というような、いろいろな話もするようにしました。こうして自分のことをリアルに考える力を持たせることが、自分の生活に即した自立への歩みになると考えたからです。私はこうして自分の可能性を実現していく着実な指導を続けていきたいと思っています。

自立をめざす自己認識の指導は教師にとって切ない思いがします。しかし、私はそれぞれの道に小さくても明るい夢を、せいいっぱい描く楽しい対話をしながら考えさせていきたいと考えています。

（この項の担当：江口季好）

7　活躍の場を作ることで

直樹君が小学三年生の時、私は障害児学級の担任になりました。その頃、朝の会や体育や音楽の時は、交流学級へ行き、その他の時は私の学級で五人の子どもたちと生活していました。

三年生も終わりに近づいた頃、交流学級の担任から「今度、三年二組でお楽しみ会をするので、来てください。プログラムに『直君タイム』を入れているので、何でもいいですのでやってください。」との誘いをうけました。そうは言ってもらったものの、さて何にしようかと考えました。三年二組の子どもたちは班ごとの発表なのに、直樹君は一人で何かをしなければならないのです。そこで、私は教室でよく読んできた詩『ぞうのかくれんぼ』の暗唱と、よく歌ってきた『大きなうた』を歌うことにしました。

お楽しみ会の当日は、三年二組で一年間過ごしてきた仲間が各班でゲームなどの発表を考えていました。班ごとの発表の後、『直君タイム』になり、直樹君の出番になりました。私は、直樹君が発表する予定の詩と歌をあらかじめ印刷しておき、それを全員に配った後、少し説明をし、日頃の感謝を言いました。そして、直樹君の詩の朗読が始まりました。（高木あきこ作「ぞうのかくれんぼ」）

「ぞうのかくれんぼ　たかぎあきこ　ぞうさんと、ぞうさんと、かくれんぼ……」

シーンとした教室に何も見ずに詩を朗読する直樹君の声が響きました。少し声が小さくなった箇所があったものの、みごとにきちんと覚えていて発表ができたのです。続いて『大きなうた』のカラオケのテープをかけ、直樹君が「おら」と歌えば学級のみんなが「おおきな」と、あとからついて歌い始めました。直樹君の横でタンバリンを鳴らしていた私もみんなが一緒に歌う箇所では声を張り上げました。廊下には、他の学級からも多くの子どもたちが何事だろうというようにのぞき込んでいました。歌が進んでいくにつれて、三年二組の子どもたちの声も大きくなっていきました。とうとう直樹君が「おおきなおれたちさ」まで歌いきると、大きな拍手が起こりました。そして、「直君、すごい！」の声があちこちから起こりました。本人は、いつものように朗読し、歌っただけといった様子で、いつもと変わらないような態度でしたが、周りの子どもたちには明らかに大きな驚きがありました。それもそのはずです。日頃は、三年二組へ行っても静かに座って、好きな乗り物の本をみたり、好きな飛行機の絵を描いたりしているだけの直樹君なのです。この日、直樹君の声を初めて聞いた級友もたくさんいたはずです。それに、しばしば鼻汁を出し、それを先生や周りの人に拭いてもらったりもしていたのです。このお楽しみ会の中でも「直君やりなさい。」と、ボウリングゲームをさせてもらっても、みんなよりは前から投げることを許されるなど配慮してもらっていました。そんな直樹君が詩も正確に暗唱し、歌も七番まで間違わず、堂々と発表することができたのです。

私は、『直君タイム』という彼の活躍の場を作ってくれたことに感謝しました。こんな場を設けてくれたからこそ、日頃知られていない直樹君の違った面を見てもらうことができたと思います。後日、三年二組の子どもたちが『お楽しみ会』という題で作文を書いていましたが、直樹君のことについては次のように書いてくれていました。

「……直君タイムでは、歌を歌ったりしました。直君がぞうのかくれんぼという詩を見ないで、すらすら言えていたので、びっくりしてしまいました。歌も見ないで言えていました。直君のあとにつづいてだったので、見なくても歌えました。直君がとても上手だったので、とてもびっくりしてしまいました。お楽しみ会は、とっても楽しかったです。」

「……そして、直君タイムになりました。直君タイムでは、ぞうのかくれんぼという詩を覚えていて、しかもまちがえずに言っていてすごいとおもいました。それに、大きな歌では七番まであるのに、大きい声で言えていて、すごいと思いました。」

このように、活躍の場を作ることで、直樹君自身が大きな自信になったことはまちがいないと思われます。そして、周りの人の直樹君への見方も変わり、接し方も変わっていったと思います。障害児には、どんな小さなことでも活躍の場を作ってやることが大事だと思いながら、日々実践しているところです。

（この項の担当：池本泰明）

＊高木あきこ作の詩「ぞうのかくれんぼ」は次のような作品です。（詩集『たいくつな王様』所収）

ぞうさんと　ぞうさんと
かくれんぼ

もういいかい
まあだだよ

きの　かげも
いわの　うしろも
しげみの　なかも

かくれようとすると
はなが　じゃま
みみが　じゃま
おしりが　じゃま

もういいかい　ったら
もういいかい
まあだだよ　ったら
まあだだよ

もういいかいの　ぞうさん
あくびを　ひとつ
まあだだよの　ぞうさん
うろ　うろ　うろ

ぞうさんと　ぞうさんの
かくれんぼ

あんまり　からだが
おおきくて
かくれる　ところが
ありません

8　自分からすすんで作文を書くようになった

三宅功一郎君と出会ったのは、私が初めて知的障害学級を担任したときでした。功ちゃんはやさしいご両親、おじいちゃん、おばあちゃんたちみんなに愛され、心豊かに育まれていて、私によく「ねえねえ、先生。」と言って、くっついてくるかわいい子どもでした。

私は知的障害の子どもの教育では、何よりも言葉の教育、国語教育、作文を書く力を身につけることが大切であると考えていました。それは言葉の力は算数でも社会科でもすべての教科を身につけるための基礎基本であるということが主張され、私は実践を通してこの障害児教育論に共感していたからです。また、各教科の基礎基本であるということはもちろん、子どもの自主性自立性を育て、社会性を育て、生きる力を子どものものにしていく基礎基本であると確信していたからです。

そこで私は功ちゃんの指導についても、言葉の力を身につけ、本を読み、自らすすんで作文を書き、自分の生活を見つめることができるように育てたいと思いました。そしてはじめて知的障害児を担任したということもあって、この指導をどうすすめていけばよいのだろうと、たくさんの本を読み、実践と照らしあわせていこうと思いました。

そして、作文を書く力は、まず発音の指導、そして話す力を身につけること、つづいて、ひらがなの読み書き、二語文、三語文の表現ができることが前提的指導になるし、表現意欲をもたせ、記述指導にすすまねばならないと考えました。

功ちゃんは二年生の一学期、ひらがなの読み書きができていたし、私は功ちゃんとたくさん話し合いながら短い文が書ける力を身につけていきたいと思いました。

つまり、二本立ての指導ですが、私はこの指導を同習という考え方ですすめました。

四月十一日、いよいよ指導の始まりです。私が功ちゃんに聞きます。

「こうちゃん、何年生になりましたか。」と言うと、功ちゃんは「二年生。」と言います。「ぼくは何年生になりましたか。」と言ってやると「ぼく、二年生。」と言います。そして、

「ぼくは二年生になりました。」

と言えるようにします。それからつぎに、

「先生は、なに先生ですか。」

と言うと、「佐久間先生。」と言います。そして会話を交わしながら、

「佐久間先生です。」

と言えるようにします。

「ぼくは二年生になりました。」というのは助詞を入れた、主語と述語の整った過去形の文です。「佐久間先生です。」というのは現在形の説明的表現です。話し合いながら、私はこの二つの文を書いて、功ちゃんに読ませます。そして、この二つの文を書かせます。つまり、主語と述語の整った話しことばと、それを書くことで、表現の指導も同時進行。いわゆる話すことと書くことの同習です。

一学期、この指導をつづけていて、私は大事なことを考えつづけ、大切にしてきました。それは、話す意欲を大切にするということです。功ちゃんが私に話さないではいられないような生活経験をさせ、そのことを話すようにして、

書くことに結びつけるということです。いわゆる話しまた書く表現意欲を大切にするということです。その話を順序よく書くという指導です。それはつぎのような生活行動（題材）でした。

・田植をして、お母さんに写真をとってもらったこと。
・ウルトラマンを見にいって、あく手したり、おじいちゃんに本とロボットを買ってもらったこと。
・子ども会のクリーンさくせんで、あきかんをひろったこと。
・誕生日にプールで泳いだこと。
・運動会で玉入れや、つな引きをしたこと。
・畑でいちごをとって食べたこと。
・アスレチックで、ボールの上にのったり、うさぎにさわったり、こいにえさをやったりしたこと。
・かみなりが鳴って停電したこと。
・しばかり機でしばを刈って手伝ったこと。
・学校で廃品回集したこと。

功ちゃんは一学期にこんな生活経験をして、そのことを私に話しかけてきました。その話をいっしょに作文に書いたり自分一人で書いたりしました。楽しかったこと、驚いたこと、たいへんだったこと、こわかったことなど、心に強く感じたことは意欲的に話し、また自分で書くようになりました。

私はこの功ちゃんを見ながら、自分一人ですすんで作文を書く自立性が芽ばえてきたことを喜ばないではいられませんでした。一人で作文を書いたときは、私はいっぱいほめてやり、功ちゃんは家庭でもほめてもらい、表現意欲を高めていきました。

また、このような作文を書くなかで「どやどや、きらきら、いっぱい、ゆっくり、どんどん」などの連用修飾語や「しろい、かわいい、おいしい」などの連体修飾語などの文を豊かにすることや、かたかなや漢字の指導などを作文指導のなかで同習として指導しました。

二学期になると、かなり充実した表現ができるようになり、そのなかに功ちゃんの意欲的行動も見え、生活自立の育ち方も見えてきました。

二学期から三学期にかけて、功ちゃんはかなり長い作文も書けるようになりました。そして、家庭で自由に書きたいことを書く「おはなしノート」には、つぎのような文をいくつも書くようになりました。

○かぜをひいてしまいました。
はな水と　せきが出ます。学校でも　いえでも
「ガガガガガー」
と、うがいをしました。

○がっこうで　カルタを　しました。おはなしの大きいカルタです。
よこ川先生がよんで　みんなでとりました。ぼくは
「おにに　かなぼう」
をとりました。
おもしろかったです。

○お母さん　せいきょうにいきました。
うがい　てあらいしました。
きがえました。
おやつたべました。
おちゃおのみました。

功ちゃんが書きたいことを自由に書く「おはなしノート」を読んでいると、自主性の成長が見えてきます。学校や家庭で自分でうがいをしたり、おもしろかったことを書いたり、着がえをしていることを書いたりしているのを読むと、少しずつではあるけれども、ぽつぽつと自立していく芽が出ていくのが見えます。そのことを行動で表しているところを大切にしていきたいと思います。生活していく力と表現力をともに見つめつつ、功ちゃんの成長をご両親とともに考えていきたいと思います。

（この項の担当：佐久間妙子）

9　自分の足で歩く生活から育つもの

障害児学級の子どもたちと一緒にどこかに出かけるときは、できるだけ公共の交通機関を利用しようと思ったのは担任になってから二年ほどたった頃からでした。

地方都市は不便で、しかも、多動だったり、むずかったり、目を離せないことの多い子どもたちですから、家庭ではいきおい乗用車に頼ってしまいます。しかし、学校の親子行事などで出かけるときは、できるだけバスや、電車を使うことにしました。

バスや電車の乗り降りの経験をたびたびさせて、ひとりでも乗れるための訓練としても大切ですが、それだけでなく貴重な体験をもたらしてくれるからです。

親子行事で、春日池公園に出かけたときのことです。二年生の淳一君は自閉症で、かなり多動で、なかなか待てないところがあるので、お母さんは、かなり不安そうでした。行動の見通しや、気持ちの切り替えが難しい彼が、バスの時刻にあわせて動いてくれるだろうか、バスの中でどうだろうか、おまけに、春日池公園に行くには、北消防署のバス停で、一度乗り換えなければなりません。待つことができるだろうか。不安は、私も同じでしたが、バスに乗れるということが嬉しくて、学級の友だちと一緒に時刻に遅れないように、学校の前のバス停に出かけました。「まだ来んの？」を何回となく繰り返しながら待っていました。乗り換えのバス停でも、何度か「まだ？」「バス、ほんとに来るん？」を繰り返すたび、一つ歳上の直子さんが、「もうちょっとと思うよ。」と繰り返し言ってくれていました。

そのうち淳一君は、電柱の広告を読み始めました。平かなとかたかなの読める字を拾って読んで、読めない字は、「どう読むん？」と直子さんや、六年生に聞いていました。みんなで、まわりの看板を読んでいるうちにバスがやってきて、「やっときたー！」と大喜びで、乗りました。

時刻に自分を合わせたり、バスの中の様子も違えば、乗っているほかの人も気になります。降りるところも気になります。初めてのバスで、降りる合図のボタンのことを知った淳一君は、「ボタンを押す？　まだ？」と何度もきいていました。奪い合いでみんな押してしまったので、誰が一番早かったのか分かりませんでしたが……。

バス停には、早めに出て、否応なく待たなければなりません。なかなか来なければ、不安にも耐えなければなりません。しかし、友だちと一緒だと待つ時間にも楽しみを見つけることができました。目的地に着くまでの過程が貴重な経験になりました。

乗用車で行くほうが、乗り換えもなく、歩いたり、待ったりしなくてよく、切符や小銭の心配もいりませんから、よほど便利で、時間的にも早く行けます。しかし、その時間と不便な経験の積み重ねは、ぴょんと乗って、ゲームで遊びながら運ばれていくことでは得られない、自分の足で歩くことによって得られる、たくさんの発見を楽しむことができる生活の力をつけていきました。

思いがけない出来事もありました。

隣の学校の障害児学級の友だちとアイススケートに出かけたときのことでした。福山駅までバスで出て、にぎやかな町並みを通り過ぎてスケート場まで歩きました。

一年生の洋平君は、大好きなバスに乗れて、スケートも初めての体験で、温かいおうどんも食べて、すっかり気に入りました。学校に帰って、初めて一人で、日記を書いてからるんるんで帰りました。

すけと　すすす　ばすのた（ばすのった）　たべた　えき　ついた　おりた　うろん（うどん）　おしい（おいしい）　かる（かえる）　さよなら　まらきてくらさい

その日の夕方、洋平君が「まだ帰ってこない」という電話がおうちからかかりました。きっとどこかのバス停でバスを見てると思って探したのですが、いません。実は、洋平君はおばあさんに時々連れていってもらった、家から少し離れた踏切に電車を見にいっていたのです。彼を見つけてくれたのは帰宅途中の、昨年まで彼を担任していた通園施設の先生でした。

声をかけられて、あわてて走って帰った彼の後を追って、家までついてきてくださった先生のおかげで、様子がわかり、洋平君を高ぶった気持ちのままひとりで帰らせたことを反省しました。

乗り物好きな洋平君は、その後もお母さんにしかられながらもちょっと寄り道をして、信号のところでバスや自動車を眺めたり、電車を見にいって遅くなったりしていました。

おかあさん　おこりました
バスバスはしる
バスバスはやい
みとり
とんねる
ぬけていく（音楽で習った歌）
はれある
すなばで　あそびました

やまつくった

心配をしましたが、好きなものを求めていけるのはすばらしいことだと思いました。

高学年になって、牛の絵を描きに行った牛舎が気に入って、自分で休みのたびに自転車で出かけていって、お手伝いをさせてもらった洋平君です。やっぱり、自分の足で歩くことは大切だと教えてくれました。

切符を買うことも、子どもたちにはいろいろな心配がつきまといます。

土曜日の遊びの会「いちごの会」でバス旅行をしました。笠岡の太陽の広場までのバス代は三八〇円です。切符売り場で、最後まで切符を買わないでもじもじしている四年生の友和君に、「どうしたの？」と声をかけると、三八〇円がないというのです。財布には千円札が入っています。千円はあるけど三八〇円がないので、買えないと困っていたのです。「千円を出したら切符とおつりをもらえるから、大丈夫。」と言っても、千円がなくなってしまっては、と心配な友和君は払えません。ほかの人が切符を買って、もらったおつりと合わせて千円になるよね、大丈夫、と千円を窓口に出させたのですが、切符とおつりをもらうまで、不安でたまらなかったようです。教室で、千ひく三八〇は六二〇という計算ができることが、そのことの意味や使い方を生活のなかで確かめていかないと、生きてこないね、とお母さんたちと話しました。「バスや、電車で行こう」という学習から、「少しずつでも、自分の足で確かめながら歩く」ささやかでもそんなくらし方を大切にしなければということを、この子どもたちに私はあらためて教えてもらいました。

（この頃の担任：佐野典子）

10　宝探しで見通しをもてるようになった

学校は宝の山です。算数や社会などの教材教具から楽器、調理用具、大工道具、農具に至るまでそろっています。しかもあちこちにそれらの入っている倉庫があります。

学習に必要な道具は、こどもたちと一緒に探しにいきました。「何がいるのかな」「どこにあるのかな」と考えて探しにいきます。たくさんのものの中から、めざすものを見つけるのはまさに宝探しです。めざすものを探すだけでなくそこには見たことのないものがたくさんあります。「これは何するもん？」「前、算数でつこうたそろばんじゃ。」などと興味しんしんで「宝探しから始めようか？」というと大喜びでした。

しんこき。（信号機）

洋平

そうこに行きました。
すこっぷある。
ぼくとなおこさんとじゅんいちくんと
さのせんせいと、けんくんといきました
おやすみです　たろうくん

鍬を見つけに行った倉庫で、信号機を見つけて大喜びをして、「何を探すんだっけ。」と思い出して、改めて、外の農具倉庫に行って「あった。あった。」と喜んだり、自分が使えそうな道具を探しだした畑仕事にもうんと熱が入ります。

くわ　　　　　　　　　　　　淳一

きょうくわをもちました。
ぱついました。
くさをとりました。
かごにいれました。
一ばんとりました。
かちました。
しょうきゃくろにいれました。
はたけがきれいになりました。

「それはちょっと無理じゃないの？」という道具も、自分でえらんだものは「いい。大丈夫。」と言ってもっていきます。やっぱり大きすぎて手に余るとき、「代えてみる？」と言うと、決めたことに拘泥しないで、「探してくる。」と手直しすることも、自分で決めることができるようになりました。たくさんの道具を見ていますから、ほかのものも使ってみたい興味も後押ししてくれたのかもしれません。どこにあったか見つけていますから、片づけも元あったところへきちんと返すことができます。

障害児学級の教室でもおいしいもの作りの学習はできるのですが、できるだけ家庭科室で、宝探しをします。誰か任せでなく、自分で探せます。ザル、ボール、まな板、鍋など、必要なものを探しながら、覚えていけますし、その通りのものでなくても、よく似たもので代用もできます。そんな柔軟さも、さまざまな道具を見たり、これはなんだという興味を持つことで育っていったのではないかと思います。初めは宝探しに夢中で、始めるまでに少し時間がかかりましたが、この間に「よし、やろう」という意欲をわかせて積極的に学習することができました。用具の名前や用途がわかると、準備も片づけも早くできるようになりました。宝探しをすることで、次のお仕事の見通しがもててきたのではないかと思います。

始めたきっかけは、一人の担任で四学年六人の児童を担任していて、教材の準備の時間がなかなかとれないので、準備も子どもたちと一緒にせざるをえなかったからなのですが、準備から片づけまで、生活に必要な力を生活の流れのなかで培う学習として、いつも取り入れるようにしました。

こどもたちは日々宝物をいっぱい見つけたり、作り出したりしています。今日はこんな宝物を見つけたんだよ、すばらしいね、とみんなで認めあえることが「明日もまた」と、ちょっと難しい勉強にも向かっていける素地になりました。

淳一君は一年生の二学期、大発見をしました。連絡の書き写しができるようになったある日、書く手を休めて、突然こんなことを言いました。

「またげつようび？」

「ぐるっとまわるん？」

「ぐるぐるっとまたくるん？」

月初めにカレンダーに書き込みながらその月の予定を話していたとき、

「今日から十月なん？」

「ずうっと十月なん？」

と話しかけてきました。今日と明日の日々から一週間と一ヶ月がすーっと見えてきて大発見でした。毎日何気なく使っていた「ようび」や「つきひ」がすばらしく新鮮に思えて、本当に大切なものに感じられた忘れられないことばでした。こうやって、大発見を積み重ねながら、見通しをもつことができるようになっていくんだな、と感心させられました。

（この項の担当：佐野典子）

11　興味をふくらませて活動すると語彙も表現も豊かに

栽培、調理、劇など楽しい体験をすることを大切にしてきました。どの活動にもあまり興味を示さない太君（四年）にとって、パン作りはとても楽しかったようです。活動した後自分で文をさっさと書きました。

ぎゅぎゅを　しました。
たのしかったです。
ぱんを　やきました。
ぱんを　たべました。
おいしかったです。

太

このパン作りは、『ぼくのぱんわたしのぱん』を読み聞かせし、とりかかりました。粉や水・バター・塩・砂糖をはかり、こねてねかせて、ふくらむのを待ち、ふくらんだことに驚きガス抜きをしてかたちを作って焼きました。始めは手に生地がつきいやだった太君ですが、かたちを作る頃には楽しくなり、おにぎりのかたちをしたおにぎりパンを作りました。オーブンの中を何度ものぞき焼けるのをまだかまだかと待ちました。「パンのにおい！」「いいなー」

交流学級の友だちものぞきに来ました。学校中パンのいいにおいです。お昼近くなって焼き上がったパンをにこにこと食べました。子どもたちはパン作りが大好きになりました。途中で逃げ出すことが多い太君も最後まで参加しました。「太君の好きなことが分かってよかったー」と、喜びました。

秋、『くまのぱんやさん』の劇遊びをしました。

一年の頃からお世話になっていた嘱託の宮部先生、太君が四年になった年は他の学級に行かれることが多くてなかなか障害児学級には来てくださることができませんでした。ちょうど秋ごろ時間が取れるというので、いっしょに劇遊びをしようということになったのです。太君の好きな「パン作り」を題材にすることにしました。

その年は、大きな台風がきて休校がありました。台風を思い出して、導入にしました。

「この間すごい台風がきたね。学校もお休みになったね。くまのぱんやさんも台風で大変だったんだって。くまのぱんやさんからお手紙が来ました。

たけのこ学級のみなさん、おげんきですか、
僕はこまっています。この間の台風でかんばんが
こわれてしまいました。それで、ぱんやをすることができません。
たけのこ学級のみなさん、かんばんをつくってください

くまのぱんやより

「みんな、かんばんをつくってあげる?」

だいすきな、パンが食べられる、かんばんをつくってあげるよ!子どもたちは、はりきりました。字をかく子、かざりを作る子、ぱんやさんの絵もかきました。大きな看板ができました。

ダンボールで作った枠だけのパンヤのお店、かんばんを付けるとりっぱなぱんやさん。宮部先生扮するくまのぱんやさんがパンを持って登場。子どもたちは、ぱんやさんへお買い物にいきました。
　パンの種類を見てそれぞれの名前を言って注文します。
子ども「こんにちは。」
パン屋「いらっしゃいませ。なににしましょうか。」
子ども「ジャムパン一個とクリームパン一個とねじりパン一個ください。」
パン屋「はい、ジャムパン一個とクリームパン一個とねじりパン一個ですね。一二〇円です。」
子ども「はい、一二〇円です。」（さいふからお金を出す。）
パン屋「ありがとうございました。」
子ども「ありがとうございました。」
　一人ひとりぱんやさんへ行っておかいもの。パンは、あらかじめ焼いていたミニミニのパンです。みんながお買い物をすませるとみんなで「いただきます。」楽しい、おいしい時間でした。自分で作ったときの文ではパンの種類は書かなかった太君、今回は自分の買ったパンの種類をちゃんと書きました

　くまのぱんやさん
台風でかんばんがこわれました。
みんなでなおしました。
ぼくはくまさんの白いふくをはか（着）せました。

ぱんやでいちごじゃむぱんと
くりーむちーずぱんと
バターパンをおねがいしました。
ハンバーガーやにいくのは　一月にいく。

本当のお店にも行こうねと話をしながら食べたので「ハンバーガーやにいくのは　一月にいく。」と、書きました。
ぱんやさんの劇遊びは子どもたちにとってとても楽しかったので、二月みんなに見てもらう「たけのこ劇場」では、『たけのこ商店街』という劇遊びをすることにしました。自分たちがお店の人になり、見に来てくれた人に買ってもらいます。太君はぱん屋さん。商品は自分たちで作ります。「ねんどでぱんづくり／ねんどでぱんをつくりました。／あんぱん／ジャムパンとチョココロネパンをつくりました。ドーナツをつくりました。ねんどで（に）えのぐをぬりました。ドーナツをつくりました。」また、パンの種類が増えました。

（この項の担当：小西ヒサ子）

12　身体をきたえてルールのある遊びができるようになった

火曜日の一・二時間目は「みんなで楽しく」の時間。情緒・知的の障害児学級二学級が合同で体育館が使える日。子ども七人先生四人で楽しい時間を過ごすことができるのです。一時間目はサーキット。みんなで準備をします。けんぱの輪っかはまなさん。力持ちの雅君と健君は跳び箱や技巧台を出すのを手伝っています。小さい人は、バランスボールやボール運び。仕事がいやでかくれている子もいるけれど、ちょっと声かけをして、しらんぷりをして楽しそうに運んでいるといつの間にかみんなの中に入って運んでいます。準備ができると、「さあはじめましょう。」けんぱ↓とびばこ↓はしごわたり↓いっぽんばし↓トンネル↓スクーターボード↓バランスボール↓マット↓平均台↓ボール↓など五回、まわります。一回まわるたびに黒板に○をかいていきます。

初めの頃はなかなか「みんなで」ということにはなりませんでした。まなさんは舞台の上でくるくるまわりなかなか参加しません。健君はボールを持って走り回る。運動が苦手でいろいろやらされるのがいやな太君は並べたコーンをけってしまうこともしばしばでした。その都度はげまし、ちょっとうまくできたことをほめ、次の楽しい活動ができると目標をもたせ「こわくないよ。」「たのしいよ。」「ほらできた。」と、声かけをしながらやってきました。

平均台が怖くて先生に手をつないでもらっていた子もだんだんじょうずになり、平均台の上にコーンを置いてもまたいでわたれるようになりました。けんぱも片足をつかんで跳んでいたまなさんもじょうずにとべるようになりました。コーンをけっていた太君も上手な跳び箱でほめられ得意そうです。ひとつの運動がみんなができるようになると新しい運動を組み入れます。今、挑戦中はボール当て。ボールを両手で的に当てるのはどの子も苦手です。両手を揃えるのはなかなかむずかしそうですが、真剣に挑戦しています。

はやく五回○をつけたくてさっさとまわる子もいますが、自閉の雅君や太君は人なんか気にしません。さっさとやる日、ゆっくりやる日、二回で座り込んでしまって先生に励まされてやっと腰をあげる日もあります。静かな体育倉庫に入ってなかなかでてこないこともあります。先生と次の活動の話をし折り合いをつけてやっと参加する日もありました。「みんなで楽しく」がいやなのではありません。火曜日一時間目になるとすぐに体育着に着がえています。気になることがあったり見通しがつかなかったりするのだと思い、少しでも参加したり、笑顔が見えたりするとほめ励ましました。楽しいことが分かってきたらだんだんと自分でみんなの中に入り活動する時間が長くなりました。

早く終わった子はボールやなわとびなど自分の気に入った運動をしてまっています。みんなが五回やりきると、「あとかたづけをしましょう。」

準備と同じです。けんぱの輪っかはまなさん。力持ちの雅君と健君は跳び箱や技巧台と次の遊びを楽しみにみんなで片付けます。片付け終わると二時間目になります。この二時間目はみんなの好きなことができる時間です。

卒業していった祥君や令君がいた頃は野球の時間になりました。人数が少ないのでティボールを使い三角ベースでやりました。初めはボールが打てなかったのに回を重ねるうちに野球らしくなりました。アウトだセーフだとけんかになることもありましたが、カープのすきな祥君たちです。いつの間にか好きな選手になって仲直りということがしばしばでした。

雅君まなさん太君たちはルールのある遊びより大きいマットの上でのごろごろが大好き。まなさんは寝転がってリラックス、雅君はこちょこちょくすぐってもらって大喜び、太君はソックスを脱いで「こちょこちょして。」と言ってくる。雅君も太君も汗びっしょりです。大喜びしながらじゃれ合って過ごすことが長く続きました。このこちょこちょごっこの後の時間は笑顔が続き、次の学習や活動に自分で「やるよ。」と取りかかっていました。

そんなある日そばにある肋木に登ってそこから飛び降りることを雅君がしました。始めは五段、次は六段、と高く登っていき、とうとう一番上に登ってそこから飛び降りました。「雅君、すごーい！」先生にほめられ何回も何回もやっています。それを見ていた太君、とてもこわがりやなのでこわごわ登りました。「太君ものぼるんだ！」先生の声にうなずくこわばった顔。三段を跳び、四段、五段とできることを確かめてとうとう一番上に登りました。座ってポーズをとっている太君は得意そうでした。そして、飛び降りました。高いところから飛び降りることが楽しくなったのでこの遊びもしばらく続きました。

寒くなった頃おにごっこをしようとよびかけると「いいよ、いいよ。」ルールはあまり分からないようでしたが、追いかけられるのがうれしくて体育館をあっちへこっちへと走り回りました。シッポとりおにごっこ、こおりおに、手つなぎおに、といろいろなおにごっこをしました。いつの間にかおにごっこができるようになっていました。

そして、わらべうたあそびをしました。「あわぶくたった」はすきなあそびでした。みんなで手をつなぎ、歌に合わせて寝転がり、おにの声にわくわくしながら「あーよかった。」と声をあわせる子どもたち。おにになった太君は、「おとうさんのいびきのおと」「おにいちゃんのおならのおと」などとみんなを笑わせることを自分で作って言うことをやっていました。そのたびにみんなでわらいながら「あーよかった」。みんなであそぶって楽しいなと思うひとときでした。

「みんなで楽しく」いいネーミングだったと思います。楽しく遊びながらからだをつくり友だちと遊ぶ楽しさを知っていく。一人ひとりが喜びいっぱいの時間です。

（この項の担当：小西ヒサ子）

13　手紙を書くことではっきりと要求をするようになった

ことばがほとんど出なくて自分のほしいものは自分で取っていく真紀さんでした。紙がほしいときには、紙の棚からさっと紙を取っていくのです。そこで「紙をください。」と言ってほしい、氷がほしいときには「氷をください。」と言ってほしいと思い、紙のたなを高くし、そばに［かみをください］、冷蔵庫には［○○をください］というカードを貼りました。

その後、真紀さんが紙のたなを指さして紙がいるときには、カードをさしながら、いっしょに「紙をください。」、冷蔵庫のドアを開けようとして　カードを指さし、いっしょに「こおりをください。」と、少しずつ声に出して言い、それからもらえるようになりました。

真紀さんはねぎや玉ねぎが大好きです。収穫前の玉ねぎを抜いて皮をむいてしまいます。二年生のときは、玉ねぎ畑のまわりを黒いビニールで囲って［たまねぎとりません］の札をつけました。三・四年生のときはビニールひもをはって［たまねぎとりません］の札をつけました。はじめはがまんできませんでした。時々たまねぎの皮をむいている姿を見ることがあり、いつ抜いてきたんだろうと思うことがありました。そこで何回か［たまねぎとりません］の札を見ながら注意しました。すると「たまねぎは、六月でーす。」と歌うように言うのです。自分でもそう言ってがまんしていたのでしょう。

たまねぎを収穫前に抜くことは、五年生のときはなくなりました。

カードに文字を書いて指示するとよく理解してくれることがわかりました。

体育館へいきます	歯の検査・会議室へいきます	まきさん　はたけへ行きます

などど書いておくと、ちらっと見て納得です。しかし、そうしたくないときは、「はたけいきませーん。」（畑仕事はいや、わざわざ行くのはめんどくさい、というとき）、「歯の検査しません。」などとにげます。こちらも負けず、カードを持って「はたけ、いきます。」「歯の検査です。」「すんだら、トランポリン。」などと、ごほうびでおりあいをつけることもありました。

四年生のときのことです。インターネットでお天気や好きなコマーシャルを見ることを楽しんでいたある日、パソコンが動かなくなってしまいました。私では直りません。パソコンにくわしい「山田先生に直してもらおうね。」と話し、その日はがまんしました。ですが山田先生は忙しくて、なかなか直しに来てくれません、何日かして、真紀さんが書きました。

> 山田先生
> パソコン　なおしてください
> まきより

山田先生は、すぐ直してくれました。「もう、めちゃめちゃにつかわないでね」と言って。

手紙でお願いすることがわかった真紀さんは、たびたび書きました。

小西先生
二二日かきごおり
レモンかきごおり
つくってきてください
まきはたいいくがんばります
まきより

水田先生へ
たけのこのパソコンこわれました
なおしてください
おねがいします
まきより

（またまたフリーズ。新しい先生へお願い）

五年生の夏。大好きなブランコにひびが入っていることが分かり、乗れなくなりました。撤去するにも時間がかかります。ブランコには綱が張られています。「こわれています。のれません。」の張り紙が貼られました。うらめしそうな真紀さんです。でも綱をくぐって乗ることはしません。「がまんしてえらいね。校長先生がなおしてくれるよ。」と、話していました。その後こわれたぶらんこが撤去されましたが、なかなか新しいぶらんこがつけられません。今年度の予算は使ってしまって、つけることができないのです。真紀さんが書きました。

校長先生
ぶらんこ なおしてください
まきより

校長先生の机の上に置きました。手紙を書いたらすぐに新しいぶらんこがつくと思っていた真紀さんですが、それでもなかなかつきません。ことあるごとに「黄色いぶらんこきます。」と、言っていました。

二学期のある朝、ちょっとしたことでパニックをおこした真紀さんが保健室の廊下の大鏡を蹴ってわってしまいました。そんなになるとは思っていなかった真紀さんは、すぐに保健室の先生と校長先生に手紙を書きました。

> 永谷先生
> かがみをけってこわして　ごめんなさい
> もうしません
> ごめんなさい
> まきより

> 校長先生
> もうしません　ごめんなさい
> ブランコなおしてください
> おねがいします
> まきより

ぶらんこは、次の年度で設置されることになりました。

真紀さんは家でも「○○ポテトかってください　まきより」などと、自分のお願いを紙の切れ端に書いてテーブルの上に置いていたりする、とおかあさんが話してくれました。


（この項の担当：小西ヒサ子）

14　物語の指導から辞典や事典で調べる力が育った

　二〇〇六年度の小・中合同の特別支援学級学習発表会で、わかば学級は、新美南吉の『あめだま』を劇化して発表しました。そのときの司会は二年前に、わかば学級を卒業した大君でした。大君は、

「つぎは、ぼくと美幸さんが卒業した二小のわかば学級の劇です。」

と紹介しました。そして劇が終わると、大君はマイクで、

「どうなることかと、劇を見ていて、はらはらしましたが、よかったですね。」

とまとめました。

　二年前、大君、福田君、木村君、国井君、寺井君達と『あめだま』の授業をしました。初めから全文を提示せず、部分ごとに提示し、話し合っていく指導法ですすめました。

「春のあたたかい日のこと、わたし舟にふたりの小さな子どもをつれた女のたびびとがのりました。舟が出ようとすると、

「おうい、ちょっとまってくれ。」

と、どてのむこうから手をふりながら、さむらいがひとり走ってきて、舟にとびこみました。舟は出ました。さむらいは舟のまんなかにどっかりすわっていました。ぽかぽかあたたかいので、そのうちにいねむりをはじめました。黒いひげをはやして、つよそうなさむらいが、こっくり、こっくりするので、子どもたちはおかしくて、

ふふふとわらいました。お母さんは口にゆびをあてて「だまっておいで。」といいました。さむらいが、おこってはたいへんだからです。子どもたちはだまりました。

しばらくすると、ひとりの子どもが「かあちゃん、あめだま、ちょうだい。」と手をさしだしました。すると、もうひとりの子どもも「かあちゃん、あたしにも。」といいました。

お母さんはふところから紙のふくろをとり出しました。ところが、あめだまはもう一つしかありませんでした。

「あたしに、ちょうだい。」

「あたしに、ちょうだい。」

ふたりの子どもは、りょうほうからせがみました。あめだまは一つしかないので、お母さんはこまってしまいました。「いい子だからまっておいで。むこうへついたら買ってあげるからね。」といってきかせても、子どもたちは、ちょうだいようと、だだをこねました。

いねむりをしていたはずの、さむらいはぱっちり目をあけて、子どもたちがせがむのを見ていました。お母さんはおどろきました。いねむりをじゃまされたので、このさむらいはおこっているにちがいない、と思いました。

「おとなしくしておいで。」

と、お母さんは子どもたちをなだめました。けれど、子どもたちはききませんでした。

すると、さむらいが、すらりと刀をぬいて、お母さんと子どもたちのまえにやってきました。

お母さんはまっさおになって、子どもたちをかばいました。いねむりのじゃまをした子どもたちを、さむらいがきりころすと思ったのです。

ここまで提示し、そのあとどうなるかを想像させ、話し合いました。大君は「舟の中の全員が殺される。」と。木村君は「舟頭がさおを持ってとめて、戦いになる。」と言いました。すると、大君が「あんまりあばれると舟が転倒する。辞書で調べたけれど、舟と船はちがうよ。舟は小さいふねのことをいうんだよ。」と言いました。福田君と木村君は「お母さんと子ども二人が殺される。」と言いました。私は「そう。そういう悲しい結末しか思いつかないの。」と言ってしまいました。すると、大君は「舟頭は泳ぎが上手だと思う。おぼれた人は助けると思う。でもさむらいは助けない。」と言いました。

こんな感想を出し合ったあと、つぎの文を提示しました。

「あめだまを　出せ。」

と、さむらいは言いました。

おかあさんは、おそるおそる、あめだまをさし出しました。

すると、木村君が「いいな。いいな。さむらいが食べるんだ。」と発言。大君は「切り殺すぞーと、おどかす。」と発言。そして、みんな、どうなることかと心配そうな顔をしています。私はここでつぎの文を提示しました。

さむらいは、それを舟のへりにのせ、刀でパチンと二つにわりました。そして、

「そうれ。」

と、ふたりの子どもに分けてやりました。

それから、またもとのところにかえって、こっくり、こっくり、ねむりはじめました。

この文を私が提示して読ませると、小林君は「えー！」と声を出し、大君は「みんな、にこにこ笑ってる！」と。福田君は「そうなったのか！」とほっとした顔。

どうなることかと予想するところで25分とってしまいましたが、子どもたちが「ワッ。」と言った表情と声で、25

分とったのはよかったと思いました。

大君は第一時の学習のあと、自分でよく分からない言葉を国語辞典で調べていました。そして「舟のへり、というのは、ふち、ということだよ。」「せがむ　というのは、ねだること、むりにたのむことだよ。」などとみんなに説明してくれました。自分ですすんで国語辞典をひいてみんなに説明する学習態度を見て、私はこの成長に大きな喜びを感じました。私にとっては『あめだま』の楽しい授業とともに忘れられない喜びとなっています。

このことから私は植物の一つ一つについても『植物図鑑』を自分で見て調べるようにさせ、また『百科事典』を開いていっしょに調べるようにしていく学習もすすめました。このことは子どもたちの学習意欲を高めていく一つの大きな跳躍台となったようです。

さらに『あめだま』を弟に読んであげることで、この作品をとおした学習の効果は家庭生活のうえでもよい姿を見せてくれるようになり、私の喜びは父母の方たちとともに大きくひろがりました。

また、図書室の本に親しむようにもなり、江口季好先生に学校に来てもらった後、図書室で「江口季好先生の詩が本に出ていた！」と大声を出して見せに来たりしました。それは『新・詩のランドセル　5ねん』（らくだ出版刊）でした。そして、さらに図書室の本に親しむようになりました。

このような授業体験をとおして『どうなる通信』（同成社）に江口季好先生が、ときどき書いていられる「国語教育は系統的指導を加味した単元学習と考えています。」ということがよく理解できました。文字・単語・文・文法の指導だけでなく、認識諸能力を伸ばし、認識内容（ものの見方、感じ方、考え方）を育て、生活指導にも大きくかかわっているという考え方で国語教育を実践していくことが大切であるということと、こういう実践が子どもたちの自立への確かな歩みとなる、ということを深く理解することができました。

（この項の担当：野口由紀）

15　子どもに寄り添って育てる日々

一　琢真君の入学

五年生一人四年生二人の中に琢真君は入学してきました。始業式の日の授業には山村暮鳥の「風景」を用意しました。窓越しに見える我がクラスの菜の花花壇が真っ黄色でみごとだったからです。高学年に進級した三人は平仮名ばかりで同じ言葉が並んでいる詩を見てニヤニヤ。「いちめんのなのはな。」と一行読んでは顔を見合わせてクスクスニコニコ。進級したことがうれしいのか、新メンバーが教室に加わったことがうれしいのか、詩のリズムが楽しいのか、一行一行を顔を見合わせながら読みました。三回読んだ後「目をつぶってごらん。何が見える。」「菜の花。」「菜の花を貴ちゃんとってきて。」「そうそうでも、これは花びら一枚だね。」「ありゃりゃ今度は根っこごとだ。」とまたまた大笑い。「一本だけかな。」「ちがうちがう一面だよ。」またまたとび出しそうになる優子ちゃんに待ったをかけて「二本かね、五本かね、十本かね、百本かね……。」「花壇全部かね。」「いやいや校庭中。いやいや隣の中学校の庭のところも」「いやいや将司君の家までもずうっとあたりいっぱいなんだよ。」「いっぱいいっぱい何が咲いているの。」「菜の花!」「真っ黄色!」「一面の菜の花が見えるように明日からまた丁寧に読んでいこうね。他のものも見えてくるかもしれないからね。」ということで一日目の授業は終わりました。

琢真君は入学式の間中、椅子の下に寝ころがり背中で移動しそうになるのを隣に座っている私がそっと足を引っぱって元にもどすという繰り返しで、なんとか外に出ないで過ごしました。そして教室に来ると、トランポリンで飛び跳ねては廊下に出て玄関横のメロディ時計を見に行くということを繰り返ししていました。「お家へ帰ります。」を機械仕掛けのお人形のように呟いていたのですが、大好きなメロディ時計があったことで学校は好きになったようでした。琢真君は昨日と同じくトランポリンと廊下の時計を行き来していました。ところが何度目かにトランポリンで跳ねながら本当に小さい声で「いちめんのなのはな？」と呟いたのです。驚いてプリントを持っていき「琢真くんのプリントだよ。おいでよ。」と誘うと、今まで一度も席に着こうとしなかった琢真君がプリントに引きよせられるようにしてすんなり席に着いたのです。そして、私の指す所を読み始めたのです。皆びっくり。息を呑んでしまいました。それから「すごうい！」と拍手。ところが、もうその時は廊下のメロディ時計へ一直線。でも皆の中には琢真君も同じ詩を読んだという一体感が残っていました。目も合わない、話もしない、人の声も存在も眼中にないというように見えていた琢真君が、三人の声をちゃんと聞いていたのです。しかも楽しい言葉として受け入れ、自分でも言ってみたのです。この一言の呟きの発見はこれから先の学習の方向が見えたようでした。

二　メロディ時計

それでも、次の日からまたトランポリンとメロディ時計往復の生活が続きました。そうした様子を見兼ねた校長先生が理科室にあったメロディ時計を届けて下さいました。私は時計で教室に引き寄せるのでなくても、自分の意志で教室に入る時が来るという気がして時計を持ち込むことをお断りしました。琢真君のあの小さな「いちめんのなのはな。」の一言が耳に残っていたからでした。

三　絵本「かえるはみえる」

五月十二日、琢真君は本箱から一冊の本を出し、手にしたままトランポリン。いつもだと手にしてもすぐに手放すところなのに、今日は手放さないだけでなくページもパラパラとめくっています。と、急にトランポリンから下りて教室の電気を消しに行ったのです。そして、またトランポリンにもどり、ニヤニヤ。私が「あらら、皆が勉強してるのに困りますよ。」とつけると、すぐ消す。私の反応を喜んでいるのだろうと思っていました。ところが五・六回やっているうちに、そうではないことに気づきました。電気を消した後、トランポリンにもどり本を見てニヤッと笑う動作が入っているのです。開いているページをのぞくと「かえるはきえる」という文字と、右ページでは窓から顔を出しているかえるが左ページでは窓が真っ黒になっていてかえるがきえている絵が描かれていました。そしてこの本の最後で本をとじていたということだったのです。琢真君は教室の電気と私の反応で絵本の世界を確かめ、実感しては喜んでいたのだと気づきました。何てすてきなんだろう。「きえる」という一言の世界をこんな風に楽しめるということこそが言葉の獲得の基本であると思いました。そこで琢真君から本を借りてすぐにコピーしてきて、「きえる」という文字とかえるの色ぬりと窓の黒くぬる作業を指示してみました。すると、スーッと席に着き私と一緒に作業を始めたのです。弱々しい筆圧ながらも終わるまで席を立とうとしませんでした。終わるとすぐに廊下のメロディ時計に走り去っていきました。次の日からは電気を消すこともなくなり、本のページが変わって「かえるはこえる」で絵本の丸太を積み木に見立てて動作を始めたのです。私が小さな跳び箱三段を用意してやると、おっかなびっくり登っては降り、こける。本の言葉と絵と動作を確認しニコニコと笑う。三日楽しんでコピーに色ぬり文字を書くという学習スタイルが出来上がりました。琢真君は体育着に着替えることを嫌がり、どう説明しても大人二人がかりで脱がせようとしても大変な暴れようで脱がすことができませんでした。ところが、かえるくんのお話が進み「かえるはかえる」のところにきた時のことです。かえるが水溜まりでひっくりかえって家に帰り、洋服を着替えるという場面でした。水溜まりを青い大きなビニール袋で用意してやっただけでかえる君の動作が始まり、自ら体育着をロッカーから出してきて洋服を脱いであっという間に着替えてしまったのでした。「かえるはこえる」から始まり「かえるはかえる」までを何度も何度も一人芝居を繰り返すのですから体育着になったり洋服になったりしました。このことから体育着問題は解決しました。

また、「かえるはなえる」という場面には、長縄を用意してやると絵を見て縄を足にはさむと両手で握っていました。私はこんな小さな絵でよくそれらしい格好が出来るものだと感心して見ていました。ところが、教室の片方で「ごんぎつね」の読み取りをしていた将司君が目を輝かせて琢真君の所へ走って行ったのでした。教科書の挿絵を指さしながら「琢ちゃん。縄をなうっていうのはね、兵十みたいにこうに草をやるんだよ。植物を変身させることなんだよ。」と見向きもしない琢真君に絵を見させようと真剣でした。琢真君が毎日繰り返し楽しんでいる「かえるはみえる」絵本の世界を将司君は横目で見ながらも一緒に楽しんでいたのでしょう。そして、「なえる」の間違いを説明できる絵を兵十の挿絵で発見したのです。教材を琢真君に預けっぱなしにして、一緒に読むことをしていなかった私を指摘されたのでした。そこで、近所の農家でわらをもらってきて、皆で縄ないをしました。琢真君は皆の周りをうろうろするだけでわらにさわろうともしないですぐ廊下に出ていってしまいましたが、出来上がった縄を気に入り家に持ち帰りました。うろうろしていた時「みんなでなえる。」「みんなもなえるね。」と言ったのでした。なえているのがかえる君でなくここにいるクラスのみんなで一緒に、かえる君と同じにみんなもと変化したことは、絵本の世界と今生きている琢真君と仲間の世界にピッタリ合ったのだと思いました。教材と響き合い、教材を通して仲間と響き合うことで、生きた言葉を獲得してゆくということを教えてもらいました。

まだまだ日常会話はオウム返しの方が多いし、メロディ時計通いも続いていましたが、教室にいる時間は増えていきました。

四　「ぞうくんのさんぽ」と絵と粘土

六月クラスの仲間がみそ汁作りに取り組んでいた時、琢真君は寝ころんで絵本を見ていました。「ぞうくんのさんぽ」でした。いい顔で見ているので私も一緒に寝ころんで見てみました。ぞうくんが散歩にでかけ、かば、わに、かめと出会い次々背中に乗せて進んでいく。最後はぞうくんが転んで皆池の中にドッボーン。皆いい気持ちというお話でした。会話で進行しているところに私は惹かれました。オウム返しばかりで会話にならない琢真君に会話の楽しさを知らせたいと思ったからです。そこで、次の日から皆で一緒に劇遊びに挑戦です。配役は琢真君の中でもう決めていたようで、ぞうの私の上にかばの琢真君、わにの将司君かめの貴之君が次々に乗って、こけてドッボーン。池の中に腹這いになった時にはその都度皆が顔を見合わせ、けらけらけらと大笑いになりました。将司君が一日二回劇遊びに付き合ううちに、ちょっとずつ会話を増やしてみたり、こけ方を派手にしてみたりと工夫を入れてくれました。琢真君は仲間と一緒にやっていることが楽しいという風で表情が柔らかくなってきました。お面を作ろうと誘うと、初めてマジックを持ち絵に挑戦できました。かば君役を気に入っていたので、本を見ながらおもいきりのいい線で描くことが出来ました。それに気をよくした私は、この本の進め方をかえる君の時と違えることにしました。ストーリーを楽しむために遊びを通しでやっては、次に一ページずつ文を読み場面を確かめ、自分で絵と文を書き絵本に仕上げてゆくことしました。絵本の世界を楽しんでいる琢真君は挿絵を見ながらも、勢いがある琢真君の絵になっていました。

琢真君は汚れること濡れること臭いことを極端に嫌いました。だから粘土遊びでは教師にひもを作らせては自分はへらで細かく切る作業をするだけで粘土に触ることはしませんでした。私はこのときぞうの背中をこんな楽しんでいるのだから、ぞうならば作るかもしれないと思いました。「ぞうの足だよ、ぞうさんの足をつくって」と言っておよそ足の量だけちぎった粘土を渡しました。すると、自分でもう一度ぎゅっと握ってから粘土板の上にペタンと立てたのです。四本の足・お腹・頭・耳・鼻をつけてゆき、初めて粘土作品が出来ました。大好きなぞうだから思わず握ってしまったようでした。

日記

九月二十二日朝　教室に入るや否や自分の頭を指さし、小さな声で「今日は床屋で琢真の整備完了しました。かっこよくなりました。」と言ってきました。自分から話しかけて来たのは初めてでした。連絡帳にも「生まれて初めて床屋でいやがらずにやってもらえました。床屋さんが椅子と車の整備台に見立ててメロディ時計を見せてもらいながらという配慮のおかげ。」とい

琢真君の作った「ぞう」

う喜びの言葉が書いてありました。今まで、しりとり絵本やあいうえ動物絵本を使って文字学習をしてきていましたので、どこかで、日記（自分のことを文にする）を書かせてやりたいと機会をねらっていたところでした。私は自分から話しかけてきた今日がその日だと思いました。琢真君が言った通りの言葉を単語ごとに復唱して書かせました。これが日記第一号となり、このことから毎日帰りの会で連絡帳に今日のことを書く習慣ができていきました。

入学式の間、椅子の下にいた琢真君が教室で席に着くようになり、文字を書くようになり、体育着に着替えることをいやがっていたのに着替えをするようになり、粘土にふれようとしなかったけど大好きなぞうの絵で、粘土でぞうを作るようになり、九月に床屋に行ったことから日記を書くようになり、その後毎日、日記を書くようになった成長の姿は、これこそ一年生の自立への歩みと思われます。

「いちめんのなのはな」に心をよせる自然、その詩の表現、また動物たちが登場する絵本をはじめとする文化、そして学級の仲間たちのなかで琢真君は日々成長する姿を見せてくれました。それは子どもに寄り添っていく過程ですすめることができる琢真君の自立への歩みであると思われます。

（この項の担当：関山禮子）

16　通常学級での自立指導

長崎県諫早市は自然環境に恵まれており、学校のすぐ近くには貴重な原生林のある公園があります。学校から二十分も歩けば有名な眼鏡橋公園があり、そのすぐ近くに水遊びを楽しむことができる川もあります。でも、数年前から安全管理のためということで、学校のすべての出入口が施錠され閉塞的状況を生み出しています。

子どもたちは全体的には明るく素直ですが、さまざまな支援を必要とする子どもも少なくありません。私の学級は男子十七人、女子十二人の二年生。しかし、新学期当初、チャイムが鳴っても教室や廊下を走り回って遊び続ける男児たち、じっと席についている女児たち—やっと席に着かせても床に散乱している物を片づけねばなりませんでした。

このような学級で、S児は知的障害があり、身辺自立ができていなくて、まわりに散乱している物を片づけてやり、青ばなをたらしているのをふいてやらねばなりません。衣服の脱ぎ着、ぼたんかけも支援が必要です。一年生の時は心やさしい女児F子が世話をしていました。このほかにも支援の必要な子が数人いて、私は右往左往しながら、とくにS児の指導をどうしたらいいのだろうという教育課題に取り組んできました。

こんなとき、教室でカマキリの赤ちゃんが生まれました。男の子が「あっ、カマキリの赤ちゃんが生まれとる！」とかん高い声をあげたのです。ワァッと、みんながかけ寄りました。見ると、たった一匹、透明なものが卵から出ていました。すぐ理科室へ行って、虫めがねをもってきて、子どもに配りました。教室中大さわぎになりました。私が、「生活科ノートにスケッチしよう。」

と言って、班ごとに順番に虫めがねで観察させると、急にS児が「ぼくもかきたい」と私に言ってきました。S児が私に自分から学習したいと言ってきたのは、これが初めてでした。S児が、

「ね、ね、どうやって、かくと。」

と聞くので、私は、

「お母さんに教えてあげるように書いてごらん。」と言うと、S児は生活ノートにこう書きました。

おかあさん、かまきりが　でたよ

おかあさん、かまきりのからだ　しろくて　あしは4ほんだったよ

さかさまになって、ぶらさがってたの

私はうれしくて、すぐ、これを学級通信『てをつなごう』に載せました。

六月になりました。日曜日にどんなことをしたか、よく思い出して書くという作文の時間に、S児は書こうとせず教室をうろうろしていました。するとK児がS児に話しかけました。私に代わってS児から話をきき、書くようにすすめました。S児はすなおに自分の机でこう書きました。

たのしかったこと

うんどうこうえんにいったよ。おとうさんといっしょにやきゅうをしたよ。うてました。

おとうさんはふぇあ（フェア）しかしなかったよ。ぼくは、ほうむらんをうてたよ。うてたときは、うれしかったよ。おとうさんは、くやしそうでした。またしたいです。

私がいつも指導している方法をまねて、S児の指導をしたK児の姿がほほえましくもたのもしいひとときでした。私はこのことから通常学級での障害のある子どもの自立指導の方法を考えつづけました。私の場合は、特別なケースかもしれませんが、かなり多くの子どもに通用するインクルーシブ教育として意味のあることではないかと思いました。

二学期の半ば、生活科見学に行くことになりました。目的は電車の乗り方の学習、公園で飼われている動物とふれ合い体験をすることでした。公園について、みんなで動物たちのスケッチをして、動物たちに触れることになりました。みんな大喜びで、うさぎ、にわとり、やぎたちと触れあいました。

S児はこれまで、動物に触れたことがなかったようで、はなれて友だちの様子を遠目で見ていました。さそいに来た友だちを断り、泣き顔で立っていました。そこで私がS児の手をとり、ロバに近づいて一緒にロバにさわりました。はじめ大声で泣いたのですが、しだいになれてきて、やぎにも、うさぎにもさわれるようになりました。そして、友だちといっしょに楽しくさわれるようになりました。

二月の終わり頃、S児の祖父が亡くなり、葬儀がすんで登校してきました。私が「おじいちゃんのこと、日記に書いておこうか。」と話しかけると、私が提案した題で書き始めました。S児は目にいっぱい涙をためて書きました。

おじいさんとおわかれしたこと
2がつ25にち、ぼくのじいさんが、なくなった。はこにいれられて、はいっていました。はこをあけたら、めがあきませんでした。
おはなをあげました。

おじいさんをもやしにいきました。かなしかった。ほねになりました。（ほねを）とりました。つぼにいれました。

おかしをたべて、しんせきの人におわかれしました。たっくさん　きました。

ほねをもってかえった。バスにのってかえりました。

二学期からＳ児への週一時間の支援教育体制がスタートしました。筆圧が弱いため、運筆指導から始まって、プリントの折り方、それをファイルにとじる練習、はさみやのりの使い方もできるように支援されます。

今、思うと、Ｓ児の興味、関心、感動を大切にし、それをＳ児が友だちといっしょに体験するようにして、文章に表現させることを大切にしてきたことがよかったかなと思っています。

（この項の担当：黒田洋子）

17　詩を書くことで育つ感性・思考力・自己決定力

三十二年間、私は東京都大田区立池上小学校に勤務しました。池上小学校のすぐそばに日蓮宗の総本山本門寺があり、そこは一つの山になっていて、三百種類ほどの植物があり、公園もあります。私は子どもとよくこの山に行き、公園で遊びました。

ほんもんじ

いとうあき子

ほんもんじいきたいよ。
ほんもんじいきたいよ。
ほんもんじいきたいよ。
ほんもんじいきたいよ。
ほんもんじいきたいよ。
みんなでいきたいよ。

子どもたちは本門寺に行くのが大好きでした。詩の指導をして書かせていると、子どもたちはよくこんな詩を書いて私のところもってきて、私の顔をじっと見ていました。私の「本門寺、行こう。」という言葉を待っているのです。こんなことで私は一週間に一回は必ず本門寺に行きました。鳩がたくさんいるので豆を買って食べさせたり、四季おりおりの花を見てまわったり、公園の遊園地で遊んだりしました。

ときには「教室に帰ったら詩を書くなら本門寺に行く。」と私が言うと「書く。いっぱい書く。」と言って、喜んで出かけて、教室に帰ってから詩を書く日もたくさんありました。それはたいてい植物の詩でした。こうして書いた詩が私のところに今三百編ほどあります。

四季、おりおりの詩をいくつかあげてみます。私はときには植物にまつわる話をし、また、ルーペを持たせてよく観察させることもありました。また、ネコジャラシやオオバコで遊び、スベリヒユの茎でまぶたの上下を開いたりして遊びました。こうして子どもたちは大量の詩を書きました。それらを少しあげてみます。

ほんもんじ

どひ　こうじ

ほんもんじ
いった。
さくらのはなが
ちっていた。
さくらのゆきが
さきました。

ほんもんじ

はとり　ひろあき

たきびだ。たきびだ。
やっほっほ。
おそらはみずいろ。
お日さまみてる。
おいもも、火ふきも、
ふくろにいれました。
ぼくはサンタクロースみたいに
しょいました。
ほんもんじにいきました。
かいだんのぼって
やきいもやきました。

本門寺

市川紀子

おちばをひろいました。
さくら、いちょう、もみじ、
ひろいました。
さくらは、くろちゃいろです。
かわいいもみじひろいました。
おじさんが、たき火をしました。
けむりがでました。
空いっぱいでました。
のざき先生が
「たき火」をうたいました。
みんなでうたいました。

たんぽぽ

まつざか　ゆうじ

おーい。
けんしんくーん。
たんぽぽあるよ。
あきちゃーん。
たんぽぽあるよ。
ひろふみくーん。

たんぽぽあるよ。

はる

すずき　まさと

ゆきやなぎをみました。
しろいのを手でふったら
いっぱいおちました。
さくらもみた。
いっぱいみました。

すずかけの木

みいち　ひさ子

江口先生が、
「これはすずかけの木」
とおしえました。
なふだをみたら
プラタナスとかいてあった。
「すずかけの木じゃない。」
といったら
「なまえが二つあるんだよ。」
といいました。
木は白いところと
あおと、ちゃいろがあります。
わたしは
「きりんの木」
とつけてもいいとおもいました。

われもこう

おおね　ゆうこ

おっぱいみたい。
まずいみたい。

おしろいばな

伊藤暁子

小さい花です。
ポーズ。

かっこいいです。
おどっています。

花

秋元玲子

花がさいている。
わたし、そばいった。
手でちぎった。
白い花5とった。
赤い花3とった。
みどりを2とった。
とるときバチ音した。
わたしの手、花いっぱい
わたしがっこういった。
おおいそぎです。
先生おはよう。
花をやりました。
先生はコップにいれた。

きれいです。

ひまわり

まつだ　みすず

ひまわりは
わたしより大きいです。
はなも大きいです。
はっぱも大きいです。
ゆれています。
なにかんがえているの。

コスモス

森岡裕文

くるくるまわすと
かざぐるまみたい。
はなびらが
つるつるしている。
まん中にきいろいつぶつぶある。

つぼみもある。
小さくてまるい。
はっぱがつのみたい。
かぜがふいて
はながさらさらしてる。

いちょうのはっぱ

あきやま　たえこ

きいろいはっぱは
あかちゃん。
これはおかあさん、
これはおとうさん。
これはおねえさん、
たばにした。
わあ
ばらみたい。

ねむの花

とよだ　ゆか

ねむの花は
うすいピンクです。
チョリンチョリンと
さいています。
ゆらりんと
わたしがいいました。
ねむの木がゆれています。

あさがお

伊藤哲哉

あっ、
あさがおのめが
でている。
せなかで
めをだしている。

はきだめぎく

荒川竜也

なまえはきたない。
はながちいさい。
きたない。
ルーぺでみました。
はながおおきい。
はなびら5
さき3
まんなかきいろい。
ぼくは
はきだめぎくが
すきになった。

どんぐり

岩元まゆみ

ほんもんじにいきました。
どんぐりひろいました。
はっぱのなかに
かくれていました。
ほかのはっぱのほうにも
いました。
どんぐりさん
おうちはどこなの。

むくの実

土肥雅男

先生に三つもらった。
あまい、あまい、むくの実。
むくの木は、
こんなあまい実を
どうやってつくるのだろう
と思いながら
ぼくはたから物のように食べた。

さざんか

秋山めぐみ

ああ、いいにおい。
わたし、はじめてみた。
わたしは、うれしい。
いいかおり。
ちょうちょとはちと
ふたりでみつをのんでいる。
わたしものみたいな。

すいせん

まつお　ゆみこ

江口先生が
すいせんの花をもってきた。
「これはさむいところで
げんきにさいているよ。」
といった。
ゆきみたいに白い。
つぼみも白い。
きょうしつはあったかいから
よろこんでいるみたい。

パンジー

岩塚はつみ

パンジーは、いつになったら花がさくの。
早く花がさかないかな。
わたしがまい日水をやっているのに
大きくならないの。こまったわ。
パンジーに話しかけた。
「パンジーくん、いつ花さくの。」
パンジーは
「まっててね。はるになるまで。」
わたしは
「パンジーくん。はるになったら
わたしもうそつぎょうよ。」
パンジーは、はっぱをゆらして

「はつみさん、そつぎょうするのか。
さびしいな。」
といった。

池上小学校の心障学級担任十七年間で五十人ほど担任し、かかわった子どもたちの自然に取材した詩を二十編ほどあげました。まだ、トクサ、ミズキ、フランネルソウ、カクレミノ、ハゼ、ホンモンジスゲ、カーネーション、トベラ、ドクダミ、ツゲ、ヒイラギ、ネズミモチ、ヤナギ、ヘチマ、キノコ、ケヤキ、ヤブカラシなど大量に取材して書いています。ホンモンジスゲもホンモンジゴケも世界中でここにしかないという話をしたり、カクレミノのところで、まきついて木を枯らす話をしたあと学校に帰って来ると、ヤブカラシが校舎にはっているのを見て、あとで、

やぶからし

さとう　きよやす

やぶからしが学校にのぼっている。
学校はかれないことが
わからないのか。
おまえは、
あたまわるいな。
じぶんで、よくかんがえろよ。

と書いてもってきたりしました。

植物に取材して書くことは観察するだけでなく、批判力が育ち、自己決定力にもなっていくものでした。

パンジーの詩を書いた岩塚葉採さんは『全面的な発達をめざす障害児学級の学習計画案集』（同成社刊）に「ふしぎなあさがお」という長い作文を書いてのせています。わたしがうっかり黒板に小さい字を書くと「見えない！　大きな字で書いて！」と私に大声で注意しました。「めがねざる」と言った普通学級の子どもへの批判の作文も書きました。わたしがねむの花の下で「ねむの花、見てごらん。花びらはどんな形しているかな。」などとみんなに言うと「私は見えない。」と大きな声で言いました。

先天性白内障のハンディーは岩塚さんの性質を強健なものにしました。そして小学校を卒業して矢口養護学校を卒業し、すぐに田中製菓に就職しました。そして私にこんな手紙をくれました。


――仕事は山のようにあります。私はパイのふくろづめ、箱おり、ふくろあけ、シールはり、中じきりおり、日づけおし、にふだはり、ダンボールはこびなど、いっぱいやっています。私は先ぱいに「しっかりしてよ。」「ちゃんとやってよ。」「何やってるの。」「何回も同じこと言わせないで。」と言われながら仕事をしています。

私は給料が二万円くらいあがったらいいなと思っています。給料があがったら、お父さんやお母さんに、こづかいをあげます。


若草青年学級で、江口先生に俳句を教えてもらったので、俳句を作ったらほめられたのでうれしかったです。

コスモスがゆれてさいてる秋の空
秋風は気もちいいなひがん花

もっとたくさん俳句を作りたいです。

―以下略―

岩塚さんは仕事が自分にあわないのではないかと考え、新しい生活を求めています。それはホームに入って生活していく生涯の計画です。

「ほんもんじ」という詩を書いた土肥幸二君は「十円」という充実した作文を書きました。これは『国語4』(同成社)に掲載させてもらっています。「むくの実」を書いた土肥雅男君は工場で働いています。

詩を書かせていると感性を豊かにしていくことは言うまでもありませんが、そこには想像力も思考力もはたらき、自分を見る力も育ち、生きる力になっていくのです。

私は子どもたちによく「花や木はパッと見るだけではいけないよ。花の色、形、葉のつき方、前に見たときとどうちがっているかなどと考えて、しばらくじっと見なければよい詩は書けないよ。」とよく言いました。豊田由香さんの「ねむの花」はよく見て書いています。わたしは「チョリンチョリンとさいていると書いているところは花まるだね。」とほめました。その後も、ヤツデ、ハハコグサ、ムクゲ、フジ、レンギョウ、ハナミズキ、サルスベリ、エノコログサなどの詩をたくさん書きました。

ある日、いっしょに本門寺に行って教室に帰るとき、給食の時間になっていたので、しゃがんでいる豊田さんに、「はやく教室に行きなさい。」

と注意しました。しばらくして、豊田さんがふくれっつらをして教室に入ってきました。六時間目の終わりに「今日、本門寺に行った詩を書いて」と言って紙を配ると、豊田さんはこんな詩を書いて私に出しました。

ばら

とよだゆか

ばらがさいていました。
ふわっと
さいていました。
えぐちせんせいが
「はやくおいでよ。」
と、いいました。
わたしは、ずうっとみていました。

これは私への抗議の詩です。これを見て、私は児童詩教育の実践の喜びは、これ以上のものはないと感じて「ゆかちゃんありがとう。」と感謝し、握手しました。

豊田さんは食品の店の手伝いをして両親を助けています。

この項には、主として、本門寺の植物の詩をとりあげましたが、子どもたちは学校生活の詩も家庭生活や社会的なことにも取材して書いたことはいうまでもありません。本稿では生活指導にやや隔りのある自然（植物）の詩と自立性のかかわりをみてみました。

（この項の担当：江口季好）

18　子どもは失敗しながら自立していく

五百円　松永幸一

黒板に日本地図を掛けて、社会科の授業をしました。

「ここは北海道だね。これは何だ。」

「じゃがいも。」

「そうだ。北海道では、おいしいじゃがいもがとれるよ。ここは青森県だ。これは何だろう。」

「りんご」

「そうだ。青森県では、おいしいりんごがたくさんとれるよ。」

こんな話をしながら楽しく日本めぐりの話を続けました。子どもたちは目を大きく開けて地図を見ながら私の話を聞いています。

「ここは新潟県だね。この島は佐渡島。昔、金がたくさんとれたんだよ。これは何だろう。そうだ。大仏様だ。奈良県には大仏様がある。大仏様の手に人が何人のれると思う？」

などと、絵地図で楽しい授業をしました。すると翌日、子どもたちがこんな詩を書きました。

ぼくは五百円もっています。
きっぷをかいます。
おか山いきます。
きびだんごたべます。
あお森にいきます。
りんごたべます。
しずおかいきます。
ピアノかてきます。
ならにいきます。
たいぶつさまかてきます。
にいがたにいきます。
さどがしまかてきます。

私はこの詩を読んだあと「幸ちゃん、りんごとか、きびだんごとか、自分だけで食べないで、みんなに、先生にもおみやげに買ってきてよ。」などと言いました。それは冗談だと聞くと思って、笑いながら。

すると翌日十時ごろ、五反田駅から私に電話がかかってきました。「今、松永君を駅長室に保護しています。ひきとりに来てください。」ということでした。松永君は駅でうろうろしているところを駅員につかまって「どこに行くの。何小学校。先生は何先生。」と聞かれて「青森でりんご買って、佐渡が島買いにいくの。池上小学校だよ。江口先生の組。」と答えたので電話がかかってきたのです。

これは松永君の失敗ではなく、私の授業の失敗でした。私は授業中の言葉の配慮が欠けていたのです。松永君は真剣に書いたのに、私は真剣に対応していなかったのです。

また、ある日「うちでお手伝いする子はえらいね。たくさん、すすんでお手伝いしましょう。あした、お手伝いをした作文を書くことにしようね。今日、帰ったらみんなどんなお手伝いするかな。」と言って六時間目の授業を終わり、私はつぎの日に作文を読むことを楽しみにしました。この日、小野君は家に帰ると、お父さんもお母さんもいないとき、ママレモンをかけてテレビのそうじをしました。ざしきの畳の部屋もママレモンをかけシャワーをかけて掃除しました。そして叱られました。父母会のとき私はお母さんから「妙な宿題ださないでください。」と叱られました。小野君は、こんな作文を書きました。

おてつら（だ）い

小野一郎

きのうはおうちにかえりました。そしてテレビのおそうじをやりました。ママレモンでやりました。ごしごしやりました。サワ（シャワー）でやりました。みずでやりました。テレビがぬで（れ）ました。たたみをママレモンでやりました。サワーでやりました。たたみをぬで（れ）ました。ぼくもぬで（れ）ました。おとうさんがかいさ（しゃ）からかえ（っ）てきました。おつかいからかえ（っ）てきました。そしてとうふやさんがかってきました。とうふを2つか（っ）てきました。そしておてつら（だ）いがおわりました。ぬで（れ）たのでしか

（ら）れました。

これも小野君の失敗ではなく、私の失敗でした。私はいろいろな失敗をしながら、いい教師になっていくことができると反省しました。障害児学級担任の研究会で私がこんな失敗をした話をしたら、ある先生は「ぼくは名古屋までひきとりに行ったよ。どうして新幹線に乗ったのか、不思議。」「ぼくは京都までひきとりに行ったことがある。」などと話されました。

子どもたちは家庭生活のなかでもいろいろ失敗しているようです。渋谷の東急デパートで両親とはぐれて探しても見つからず警察にたのんで帰宅されたら、夜の二時に歩いて帰って来た子どもがいました。走って帰ってきたので足が痛くて三日休みました。よく話し合っていたら、杉並区や中央区や目黒区を走り回って、池上という道路標識を見つけて第二国道を走って自宅に帰ったようでした。ある子どもは、お母さんの手をふり切って走って行って交通事故にあい、病院のベッドに二週間しばりつけられ、それにこりて安全に気をつけるようになった子どももいました。

学校でも家庭でも、子どもも親も教師もいろいろな失敗をしながら育っていくということは当然なことですが、幸い、私は管理下での事故は何一つなく教師生活を続けてくることができました。多くのご協力いただいた方々に感謝しています。

失敗は成功のもとと小さい頃から聞いていましたが、障害児学級の担任になってからは、私は「失敗は自立のもと」と思うようになりました。

土曜日、女の子が友だちのうちに遊びに行く途中、道に迷って、夕方七時になっても自宅に帰って来ないので池上警察署にお願いして見つけてもらったことがありましたが、その子も二度と失敗することはありませんでした。ある子どもは埼玉県の深谷市にいる姉さんがぶどうを持ってきた翌週ぶどうが食べたくて一人で出かけて線路をまちがって両毛線の小山駅から私にひきとりに来るように電話があって、連れに行ったことがありました。旅館がなくて連れ込み宿というのを駅長さんに教えられて、その子といっしょに一泊して帰ってきたこともありました。この子も二度と失敗することはありませんでした。

子どもの自立のための失敗の事例を多くの教師、父母の方々と語り合いたいと思います。子どもたちのそれぞれの自立のために。

（この項の担当：江口季好）

二　中学校の実践

１「ここで学ぶ」という本人の意志が向上心を保証する

ぼくがこの組に入ってきて、はじめてみんなに会った時、みんな友達になってくれるかなと不安だった。はじめは××君が声をかけてくれた。その日は健康診断で、いろいろな検査をしながら、××君とも××君とも話ができた。僕は、この学校がはじめてなのでいろいろな教室や場所を知らなかったが、みんなが教えてくれた。

僕が、むこうの学校では、ぜんぜん話せなかったが、この組の人達には気楽に話ができるのでうれしかった。それになかなか友達を作れなかったのに、一日で友達ができたので、うそみたいだった。

この組では、生徒に合わせて勉強を教えてくれる。だから、ぼくも、「やればできる。がんばろう」という気持ちになってきた。ここで力をつけて卒業したい。この組にかわってきてよかったと思う。

これは、通常学級から障害児学級（特別支援学級）にかわってきた時のことを書いた、秀雄くんの文章です。しだいに授業内容が理解できなくなり、いつも萎縮した学校生活になり、友達との対等な関係も難しくなって、転校してきました。

中には、長い「お客さん」状態から、不登校や神経症状、非行など、さまざまな問題に陥っていくケースも珍しくありません。そうした児童生徒が、きめ細い指導によってそれぞれのつまづきを克服し、基礎学力をつけながら、学ぶ喜びと生き生きした生活を取り戻す、障害児学級（特別支援学級）は、そうした役割も担っています。

入学・転校の際、私は、「ここで勉強したい」という本人の意志確認が大切と考えました。中学の三年間は短いので、なりゆきや惰性、ましてや嫌々ながら入学してきて欲しくないと思ったからです。

そこで、入学・転校前に、体験入学という機会を設け、半日一緒に学習し、在校生が作ったカレーライスを食べながら、学級の雰囲気や実態を体感してもらいました。

私は通常学級との違いを説明し、本人の意識改革を呼びかけました。

「通常学級では、一年間にこれだけ教えなければいけないと決められているので、わからない人がいても、次々と新しい単元に進んでしまいます。けれどこのクラスでは、ひとりひとりに合わせてわかるところから、大事なことだけ教えます。だからみなさんもきっと勉強が好きになりますよ。」

「世間では、有名な学校がいい学校のように言いますが、それは間違いです。いい学校というのは、その人がそこで勉強すると、『あ、そうか。』とよくわかり、『やればできる頑張るぞ。』という気持ちが湧きおこる学校なのです。

『ようし、ここで勉強する。』と気持ちが固まったら入学（転校）してきてください。待っています。」

そして、在校生に、このクラスに入ってどうだったか、今目標にしていることは何か、発表してもらいました。

「なわとびを十回以上続けてとべるように練習しています。」

「カレーライスをひとりで作ることです。包丁で切るのはできるけど、ガスに火をつけて煮込むのが難しいです。」

「先生は、『できることやらないのはダメ。』と言います。でも、新しいことはわかるまでていねいに教えてくれます。」

「いろんな友達がいておもしろいです。話をしない人もいるけど、日曜や夏休みには、みんな一緒にプールに行ったりしています。」

「大勢いたほうが楽しい。私もそうだけど、入って良かったときっと思いますよ。」

いつだったか、やはり体験入学の時、こんな質問が飛び出しました。

「先生は、むこうの（通常）学級に行っちゃうことはないですか？」「先生も落ちこぼれですか？」

一瞬ドキリとしました。この生徒は、自分を落ちこぼれと思っているのか、なんて不憫な……。それにしても物怖じせずに、よく言ってくれた。

「大事なことを質問してくれてありがとう。私は、この組でみんなと一緒に勉強するのが好きなの。この組の生徒が、それぞれ精一ぱい頑張るようすを見ていると、『自分も負けないぞ。』と、エネルギーが湧いてくるの。私にとっても、この学校のこの組が一番いい学校なの。だから当分他へ行ってしまうことはありません。」

ピュアーな心でむかってくる生徒たちに、教師である私自身も、余分な垢を削ぎ落とし、本心でたちむかわなければと、思いました。

（この項の担当：寺脇洋子）

2　文章を書く力が自立志向に成長するまで

中学校の心障学級（特別支援学級）で、私が担当した生徒には、話はできるけど文字は書けない人が何人かいました。明美さんもそんなひとりでした。彼女は未熟児で生まれ、脳性マヒによる右手の軽いマヒ、弱視、視野狭窄、脳波にも問題ありと、いろいろな障害を併せ持っていました。しかし、明るく前向きで、強い意志の持ち主でした。ひらがな文字を覚えて、日記や作文を書きたいと意欲的でした。

牛乳びんの底のような分厚い眼鏡をかけても、ほんの数センチまで近づけないと本の文字は見えません。窓際の明るい席で、書見台と拡大鏡を組み合わせたりもしましたが、文字全体の形がなかなか捉えられないようでした。その頃私は、戸山町にできた心身障害者福祉センターで、幼い子どもの視力検査の場面を見学する機会を得ました。ランドル管といって、一箇所切れている円を、ハンドルのように持たせ、少し離れた壁の形が見えたら、同じ向きに合わせて、呈示させるものでした。そうか、文字の形を認識することと、それを書くことの間にもう一段階必要なのではないか。

次の日私は、太く重みのあるロープを黒く塗って、いろいろな長さに切りました。生徒用机の上に、そのロープで、つ し け み と と、一箇所に一文字ずつ作っていきました。これは当りでした。文字の線の離れている所、クロスしている所、構成している線の長さがよーくわかり、明美さんだけでなく、すでにひらがな文字の書ける生徒も喜んで参加しました。順番を決めて、思いつくまま言葉を作りました。つくえ、みかん、てがみ、めがね、はれ、

くもり　などとロープで作り、それを読んだりノートに書いたりして、ゲームのように繰り返し取り組みました。

明美さんは毎日毎日新しい文字を覚えました。その日の出来事など自分の思いを、ぶつけるように書きました。ひらながすでに書けた生徒も、文字の形を気にして、整った文字を書くきっかけになりました。

がっこうのよういしてあります。はやくよういしました。もっていかれるようにしてあります。ついたちにいかれるよういしました。

もうすぐなので、うれしいです。

なんでがっこうがすきなのかは、ともだちがたくさんいるからです。

これは、夏休みは長すぎる、早く終わって二学期が始まってほしい、と書いた明美さんの日記です。

「ことばの力は生きる力」。本当にそうだと思います。特に書きことば（ひらがな文字）を獲得した明美さんは、自分の生活と意見、友達や教師への思い、テレビなどで知った社会的事件にも関心を寄せるようになりました。

彼女は、養護学校高等部で三年間学んだ後、福祉就労しました。

一九九〇年代に、知的障害を持つ人自身が、自分たちの本を作るという画期的な活動が取り組まれました。彼女は、「こういうことが好きでたまらない」と、編集委員としてその活動に加わり、自らも「さぎょうしょの、きゅうりょうがやすい」という意見を発表しています。

これは、男女差別、障害者差別、障害者間にもあるランクづけについての、精一ぱいの告発で、彼女の世界が、大きく深く広がっていることを示しています。

わたしにとっては、もうすこし、おおく、もらいたいです。できれば、10万円ほしいです。わたしたちの、きんがくは、さがありすぎです。ふつうの人は、てどりでも、17万円です。わたしたちにとっても、ふしぎでしかたがないのです。わたしたちのこと、どういうふうに、みているのでしょうか。ふつうと、かわりなく、わたしたちは、しごとをしているのに。せいかつが、くるしくて、とてもたいへんです。

はやく、せいかつりょうに、はいりたい、いっしんです。せいかつりょうに、はいると、やちんと、こうねつすいひを、はらわなくてはならないのは、しっています。いまの、きゅうりょうでは、せいかつりょうに、はいってても、せいかつは、くるしいです。せいかつりょうに、はいると、10万円くらい、かかると、きいたので、母に、いったら、「どこに、10万円が、あるの？」と、どなられました。

母は、67さいです。ことし、いっぱいで、しごとを、やめます。そうすると、母のねんきんと、わたしの、ねんきんと、きゅうりょうで、くらしていかなくては、なりません。ふつうの、おとこの人が、てどりで、20万円で、おんなの人が、てどりで、17万円と、テレビで、みました。おとこと、おんなで、3万円の、ちがいは、ありすぎと、おもいます。

さぎょうしょの、きゅうりょうは、その人の、ランクによって、ちがいます。ランクは、ないほうが、いいとおもいます。みんな、おなじように、もらえたらいいと、おもいます。

文字が書けるようになり文章が書けるようになった明美さんは、自立して生活ができる収入を得ることを考えるようになりました。自分を見つめ、社会を見つめて生きる生活者として成長しています。

（この項の担当：寺脇洋子）

3　生きがい（楽しみ）のある生活への歩み

障害児学級の担任になったばかりの頃の私は、「……ができるようにすること」ばかり考えていたように思います。あいさつができるようになる、自分の名前や住所が漢字で書けるようになる、お金の種類がわかって簡単な買い物ができるようになる、根気よく課題に取り組めるようになる、などの新しい力を獲得することが自立への一歩だと思って一生懸命でした。

こう思っていたことは間違いではありませんが、人が生きていくうえでの大切なことに子どもたちが気づかせてくれました。それは、生きがい（楽しみ）のある生活です。

一　ユンボが大好きだった祐君

山と川、田畑に囲まれたのどかな田舎の中学校でのことです。入学したときの祐君は、とても小柄で、学生服はぶかぶかでした。入学式の朝、両親に促されて恥ずかしそうに柱の陰から顔をのぞけた祐君のかわいらしい姿が今でも目に浮かびます。

しかし、祐君の口から出ることばには驚きました。

「先生の家、こわしてやろうか？」が口癖でした。とはいっても、この口癖は脅しの文句ではなく、親しみをこめたことばなのです。

祐君は工事現場が大好き、特にユンボで穴を掘ったり古い建物を壊したりするのを見るのが大好きなのです。だから、工事の話題になると夢中で話し続けました。

「先生の家、こわしてやろうか？」「先生の家は建てたばかりでローンがたくさん残っているので、こわされては困ります。こわさないでください。」「じゃあ、どこかこわすところはないのか？」「今のところ、ないです。」「いつでも電話してくれたら、こわしに行ってやるからな。」が、祐君との毎日の会話でした。

工事のようすはよく観察して詳しく知っているのですが、時計がよめるように、簡単な読み書きができるように、お金の計算ができるように、課題に集中できるように……と思い用意した学習にはほとんど興味をしめしてくれませんでした。祐君は、朝は定刻に家を出るのですが、登校途中に工事現場やユンボを見つけると、そこで止まって見とれてしまうので、なかなか学校に着きません。やっと教室にたどりついても、校務員さんが校内の修理をする音を聞きつけると、すぐとんでいってしまいます。そして、助手をします。その動作は機敏で的確でした。さらに、学校内外での工事の音を聞くと、またとんでいって見とれるのです。工事の音がしないときは、砂場や校庭で、自分がユンボや工事の人になりきって、土を掘ったり重ねたり崩したりして、あきることがありませんでした。

小柄な祐君を無理やり教室につれもどすこともできたのでしょうが、力ずくの指導は祐君の生き生きとした明るさを損なうと思いました。それで、私は工事の話や働くことを教材に選び、授業に興味を持たせるようにしました。そして、チャイムがなったら工事を見に行ってよいが、次のチャイムがなったら教室に帰ってくることを、繰り返し祐君に伝えました。そして、それが守れたときは、がんばり表にユンボのシールを貼るようにしました。それで、次第に授業中に教室からとび出すことは減っていきました。

その後、中学校を卒業した祐君は養護学校高等部に進学し、高等部卒業後は親類が経営する工務店に就職しました。

今、彼は四十代になりましたが、同じ職場で働き続け、真っ黒に日焼けしています。そして、いつ会っても、大好きな仕事ができる喜びに輝いていて、あいかわらず「先生の家、いつでもこわしてやるからな。」と言ってくれます。祐さんは、自分の生きがいを追求し続け楽しく充実した幸福な人生を送っています。

二　「死にたい」が口癖だった直子さんが結婚するまで

中学一年生にしては背がすらりとして大人びた印象を与える直子さんですが、表情に活気が見られませんでした。そして、「だるい」「死にたい」が口癖で、すべてにやる気がありませんでした。学校には休まず来るのですが、授業中もぼんやりしていて、なかなか学習に取り組めません。夜更かしのため朝はぼんやりしていたり、食事は朝も夕もインスタントラーメンを食べたりするなど生活が不規則でした。担任の私は、どうしたら意欲的な生活ができるだろうかと考え続けました。まずは直子さんが興味・関心を持つことを見つけようとして、図書室、音楽室、理科室、体育館、校外学習などに連れ出したり、多種多様な教材を用意したりしましたが、直子さんが興味を示すことは見つかりませんでした。

直子さんが二年生になったある日、音楽の先生が学級の子どもたちにレコード（まだ、ＣＤはありませんでした）を聞かせてくれました。音楽室にあるレコードを次々に聞かせてもらった中で、直子さんは、外国のある合唱団の歌声に魅せられたのです。その日から、直子さんの話題はその合唱団のことばかりで、家ではずっとそのテープを聴いて過ごしていました。そして、「だるい」「死にたい」とは言わなくなりました。私は、「いつか、この熱はさめるだろう」とは思いましたが、せっかく興味を持ったことなので、その合唱団を教材として各教科の学習をすすめました。直子さんはファンレターを書くためにアルファベットの学習にも意欲的に取り組みました。そして、英文のお手本を写してファンレターを出すことができました。何ヶ月も経って、待ちに待った返事が来たときの直子さんは大喜びでした。こうした日々を重ねて、直子さんの表情は明るくなり、生活も生き生きとしてきました。

中学卒業後、直子さんは地元の縫製工場に勤めましたが、合唱団への思いは少しも衰えず、給料でレコードを買うのが楽しみでした。就職した次の年、その合唱団の日本公演が県内であったときには、直子さんと音楽の先生と私の三人で、聴きに行きました。生の歌声を聴いて、直子さんは感激していました。その数年後にまたその合唱団が来日しましたが、その時は、直子さんは従姉に頼んで、従姉の旅費やチケット代も直子さんが負担して、東京公演に従妹に一緒に行ってもらいました。その話を聞いたとき、私は、自分の要求を実現するために知恵を絞った直子さんに感心しました。

直子さんの職場には若い人はひとりもいなくて、直子さんの親や祖父母の年代の人ばかりで、直子さんの仕事振りをあたたかく見守ってくださったこともあって、直子さんは結婚退職するまでの十年余り、その職場に勤めました。ずっと、合唱団の歌声が直子さんの心の支えでした。結婚して母親になってからはテープやＣＤを聴く時間が短くなりましたが、合唱団の歌声は直子さんの心の安らぎとなっています。

三　「不登校」になった実君が頼もしい青年になるまで

実君は、無口で、たまに口を開くとぶっきらぼうで乱暴な口調になります。が、実は、他人の気持ちを思いやることのできる優しい心の持ち主です。実君は、自分が同級生と比べて理解力や暗記力がないことを感じていて、不安そうで、すべてにおいて消極的になっていました。そして、自分の思いや要求、願望を言わない生徒でした。実君のご両親は、実君にもっと自信を持ってほしいと願っておられましたし、担任の私も同感でした。

入学して三ヵ月たったある日、実君がボソッと言いました。「バレー部に入りたいんだけど……」。バレー部入部の件は、前もって両親にも相談し、家族からもすすめられて、考えたあげく担任の私に言えたのでした。さっそくバレー部担当の先生に相談しました。運動能力はまああだけれどルールや作戦を覚えることは苦手で時間がかかること、他の一年生より入部時期が三ヶ月遅れていることなどをバレー部の先生に伝えました。すると、バレー部担当の先生は、強いチームではなくバレーの楽しさを知ることに重点を置いて指導していること、今年度は新入部員が少なくて困っていることなどから、実君の入部に積極的に応じてくれました。

バレー部に入ってからの実君は、友達や先生の支えもあって、見違えるほどがんばりました。休まず部活に参加し、暑い夏休みの練習も休みませんでした。体も引き締まり、生き生きとした表情の実君でした。両親も私も、ほっとするとともに、喜び合いました。

ところが、二年生になり、他校との練習試合や地域の体育大会に参加するようになると、実君の表情にかげりが見えてきました。試合の後に「ぼくがミスしたから（負けた）」と自分を責め、次の試合でもミスするのではないかと心配でたまりません。「実君はよくやっているよ。それに、だれでもミスはあるんだよ。気にすることはないよ。」と励ましても、実君の心には届きませんでした。

そして、とうとう二学期からは学校を休むようになりました。

家庭訪問をすると「先生、コーヒー飲むか？」と甘い甘いコーヒーを自分で作って出してくれたりするのですが、学校に行く話をすると黙ってしまいます。両親にも担任にも友達にも、実君は学校に行けない理由を語りませんでした。

そのうちわかってきたことは、実君はバレー部にいれば、自分の動きがよくないせいで試合で迷惑をかける、バレー部をやめれば、部員が足りなくなる……と、部を続けることもやめることもできず、悩んで、不登校になっていたのです。誠実で心優しい実君ゆえの苦しみでした。

実君に対し、両親は動物好きの実君へのクリスマスプレゼントに子犬を買ったり、同級生に顔を合わすことのできない実君のために実君の気が向いた日は自動車で学校に送り迎えしたりしてくださいました。

こんな状態が三年生になっても続きました。が、二学期の中ごろから実君は卒業後のことを考えるようになりました。そこで、両親と担任とともに学校訪問や職場訪問をして実際に自分の目で見て回りました。その結果、料理が好きで、家でも簡単な料理は自分で作っていた実君は、調理の仕事をしたいと考えるようになりました。そして、卒業後は家の近くの料理店に就職することができました。早朝から夜までの長時間の仕事ですが、そこの責任者が同級生の父親だったこともあり、親切に指導してもらえ、休まずがんばっています。

その三年後には自動車の運転免許を取得でき、自分の車もローンで買って、仕事が休みの日はドライブするのを楽しみにしています。

成人式を迎えた今年の一月には、「先生、いっしょにメシでも食おうぜ。」と誘ってくれました。見違えるほど堂々と成長した実君は食事をしながら、職場のこと、家族のこと、趣味のドライブのことなどを話してくれました。相変わらず、ぶっきらぼうで乱暴な口調ですが、心優しく思いやりがある実君と楽しいひと時を過ごしました。実君に「中学生の頃はずいぶん悩んだけど、成長したね。」と言うと、「先生、オレ、もうだいじょうぶ。」という頼もしい返事でした。

（この項の担当：岩野しのぶ）

4　英語学習で自立をたどる

一　ラジオ講座のスタート

私たちの一人娘、綾はダウン症です。小学校六年間を普通学級で過ごしました。心機能や甲状腺の機能低下、幽門狭窄からの激しい嘔吐など、ダウン症特有の合併症の治療や、体力が弱く登下校に支障がある、集団行動に慣れるのに時間が要るなど、多少の問題や配慮、援助は必要でしたが、全体として、学校生活や学習活動の面では、予想したより順調に小学校を過ごしました。学年が進むにつれて体力も増し、集団生活や交友関係作り、知的な面でも成長が見え、中学校も普通学級でというめどは立ちました。しかし中学入学を前に、教科担任制や教室移動など、動きや変化の激しい学校生活、英語や数学を筆頭に、学習内容の深化や速さに対応できるかなど、不安と未知がいっぱいでした。

その英語学習は、一九六七年四月七日の中学入学の日から始まりました。そしてその英語学習が綾の自立にとって見落とせないものになっていきました。

その日の晩方、綾から「英語の勉強はどうすれば良いか」と聞かれた私は、ＮＨＫのラジオ講座を聴くことを勧めました。運動の部活はしないから帰宅が早い。夕方の短い時間の積み重ねは、綾の英語学習の扉を開くかも知れない。ゆっくり、根気強く続けることは小学二年生からの五年間、ほぼ一日も休まなかった日記の継続で証明済み。それまでに私が接した中学生にラジオ講座で力を伸ばした例が多い。そんなことを考えると、これは綾に向いていそうな気がしました。

早速、本屋で「基礎英語」のテキストを買い、聞き始めた講座は十九年たった今では、テキストも「レベルアップ英文法」「英会話入門」「英会話上級」と増え、それに「フランス語会話」（テレビ）も加わって、綾の趣味として続いています。

綾が私に英語の勉強法を聞いたのには、ひとつの訳がありました。その日、入学式の後、教室での学級開きで、担任の大木先生がこれからの中学生活について話された中で、「国語や数学などの教科は小学校からの延長で、それぞれ得意や不得意、力の違いがあるが、英語は違う。英語は今日がみんな同じスタートラインだ。ゼロからの出発だ。一年後誰がどれだけ頑張ったか、結果がはっきりわかる。英語は毎日コツコツやらなければ力はつかない。がんばって欲しい。」といわれた時、ある男子生徒が「一年先のビリは綾だ。」といったのです。その言葉は、生徒たちにも、参加していた母親たちにも聞こえました。大木先生もそれに気付きましたが、子どもたちとの初めての出会いでもあり、その場はそれで終わりました。しかし綾もそれを聴いたのです。

二　ある思いの芽生え

新しく中学生活が始まろうとする時、どの子も、小学校とは違う何か新しい自分を見出そう、新しい自分を創ろうという気持ちを持つのです。綾も、時には「漢字博士」と呼ばれて、上級生からも漢字の質問を受けたりする得意な面もありましたが、苦手なことの多い存在であることは、誰より自分で感じていたのです。そんな綾にとって「新しい自分を」という思いは人よりも強かったでしょう。この男子生徒のことばは、その思いに強く響くことばでした。

大分後になって、綾はこの時「見返してやる。負けられない」と思ったと言うのです。体力の弱さや行動の無器用さなどは仕方がないが、学習ではそれまでの体験を通して、負けない自分になれるかも知れないという気持ちが育ち始めていたのでしょう。一般に、ダウン症の子達は、人と競ったり対抗意識を燃やしたりはせず、優しさいっぱいの性格と言われます。優しさが人一倍であることは確かですが、一方で、なかなか表には出ないがこういう激しい気持ちも持っているのです。中学入学という一つの節目に、どれほどの強さで意識していたかは分かりませんが、自分なりに何かをつかもうとする意識が、このことばをきっかけに「負けられない。今に見ていろ。」という気持ちと、「だけど英語の勉強はどうすればいいのだろう。」という疑問をかき立て、行動を促したのでしょう。今となってみると、その男子生徒に感謝したい気持ちです。

三　英語学習に促される自立

アルファベットもほとんど知らなかった綾の、ラジオ講座を聴く学習は、予想より順調に滑り出しました。綾の学びたい気持ちや、それまで培ってきた生活習慣や生活リズムに合ったのでしょう。

まず、それは綾の一日の生活リズムのなかでとてもほっとする場面でした。朝から慌ただしい学校のリズムに追われ、授業や人間関係への対応を迫られ、疲れて帰宅し、一休みした後の開放的な気分になった頃に始まるラジオの英語講座。また、筆圧が弱く、筆記の遅い綾にとって、聴くこと中心の学習はゆったり親しめるものだったでしょう。さらに、時には歌があり、ギャグもあり、勉強という感じのしない、それでいて英語が覚えられる。ほとんどの友が部活で疲れて帰りが遅いことが分かってくると、その時間に自分が英語を学んでいるという感じは、自分は自分なりのことをしているのだという、まんざらではない気持ちにもなれたのかも知れません。

ラジオから流れる英語は、全くの白紙だった綾の耳や心や頭に、砂地に水が染み込むように入っていきました。英語科担任の田代先生は、離島の学校でダウン症の子どもと接した事もあり、綾に対して気を配ってくださいましたが、間もなく英語の学習で特別な配慮は要らないと思われたようです。リーディングの声が小さいとか、質問に答えるのに時間がかかることはあっても、理解は進んでいると判断されたのです。声は小さくても綾が読む英語は他の生徒より美しかったのでしょう、二年生では、校内英語暗誦会にクラス代表として、大勢の前で「大草原の小さな家」の一節を朗読する機会が与えられました。田代先生は、後日「綾が代表になることに、クラスのみんなが賛成だった。」といわれました。このことは、綾の英語学習に対する自信が育つきっかけとなりました。

人々の中の自分、その自分を包む人々、その人々と少し違う力の持てそうな自分が見え始めた自分自身、外の目で自分を見る綾の出発、自立への大きな一歩だったのではないかと思います。

四　自立を支えるもの

ただそれは、単に好きで楽しくラジオ講座を聞いているうちに、自然とできていったのではありません。そこには彼女なりの努力もあったのです。

中学入学で、小学時代、毎日書き続けた日記と毎朝のラジオ体操は止めました。代わりに、毎日学級担任に出す「生活の記録」を書くことになりました。小学校六年の夏から始まった「1日5分間計算ノート」は「継続ノート」と名前を変えて続いていました。それに「ラジオ英語講座」が加わったのです。彼女に達成感をもたらす原動力はゆっくりで急がない継続性です。中学入学時にそれが自然と育っていたことは、英語学習と自立を支える大きな力でした。

周囲の同級生達よりやや幼く見えていても、綾の思春期や自立への胎動はほぼ同時に動き出していました。それは親への口答え、友との対立、自己主張の増幅という目だった形は取りませんでしたが、やはり綾に何かを促していたのです。綾はラジオ講座を聴くという、自分に合った行為を辿ることで自立への道を手繰り寄せていったと考えられます。

とはいっても、自立という複雑で長い道のりは、それほど簡単ではありません。小学四年生から中学卒業の年まで、毎年参加した校内マラソン大会に、毎回人より飛び切り遅いゴールになることを知りながら、自分のペースで走り抜くことを覚悟し参加したことも、その長い道の一里塚です。高校に進学し、一年生の前半でいじめに会いました。先生方の適切なサポートを受け立ち直る過程で、綾はたくましさを増しました。高校最後の年の文化祭で、体の弱い自分の今日までの成長を英語で語り、多くの学友から賞賛され、校長からも特別に表彰されました。そして単に英語学習だけでなく、自分の生き方にも少しずつ自信を持てるようになっていきました。

大学進学に当たって、両親が勧める国文系ではなく英語英文系を主張し、自己の進路を自分で決定しました。自立の一つの到達点でした。

周囲の人々とのつながりの中で、自分なりの目的や意思を持って行動しようとする。その行動の過程で、自分と他の人との関係、自分と他の人との違いや共通点を理解し、そのうえで自分なりの判断と行動に意義を感じる時に、人は自立の道を歩いていると言えます。

その意味で、綾の英語学習は自立に必要な条件が微妙にかみ合う中で、綾に自立を促していったと考えられます。英語では負けたくないという目的意識、ラジオ講座を聴くという自分ひとりで行う行為、それを継続する過程で知った自分の根気強さや学力の上達、他の人の学習状態との関係、そして達成感を感じる機会が与えられたことなどは、後で振り返ってみると、願ってもない経過ではなかっただろうかと思います。

思春期があり、反抗期が訪れ、主観的な自己主張するだけでは自立に移行しません。今まで、自分中心に自分を見、周りを見ていたのが、自分中心の自分を受け止めてくれ、支えてくれる周囲の人の姿に気付き、改めて、自分探しや自己主張の再構築をし始める中で、さらに新しい自分と周囲に気付き、外の目で自分を見、今までと違った自分に気付く。これを多様に繰り返す自らの力と、支える環境が豊かであればあるほど、豊かな自立が多くの若者に拓けて行くのではないでしょうか。

綾は一九九八年、鹿児島女子大学英語英文科を卒業しました。英作文が未修得で卒業が一年延びたことが示すように、他の学生と変わらぬ学業でした。綾にとって辛いこともありましたが、あきらめず続ければ伍していけるという気持ちが彼女を支えました。

卒業と同時に彼女の境遇に変化が訪れました。九八年、オークランドのアジア太平洋ダウン症会議に参加し、日本代表として英語でスピーチをし、〇四年はシンガポールでの世界ダウン症会議で「出生前診断」にも触れる意見表明、〇六年バンクーバーでの世界ダウン症会議では、彼女の活動に対して表彰を受けました。

一方、小児科医松田幸久さんの絵本「魔法のドロップ」を英訳して、「MAGIC CANDY DROP」として出版、さらにカナダの絵本を翻訳「スマッジがいるから」を出版しました。今、将来はフランス語の絵本の翻訳などもしたいと、母校のフランス語の講義に聴講生として通っています。幼児期、母親の語り掛けや読み聞かせで始まった、ことばや語学への興味や関心と執着が拓きつつある自立への道です。

（この項の担当：岩元昭雄）

5　基礎学力を身につけて自立へ

三十年ほど私は中学校で国語科の教師を続けてきて、現在は特別支援学級で五名を担任しています。この学級で私は国語科を中心に他の教科指導にもかかわっています。私が国語科の指導を中心にしているのは、国語科の指導が他のすべての教科の基礎になる大切な教科であると考えているからです。

各教科の指導が子どもの将来に生きて、生活の自立につながっていくことになるのですが、国語科のなかで子どもが身につけた独自の国語力は生活の確かな支えとなるだけでなく、人間らしく生きていく喜びとなるものであると思います。

そして、国語力は一人ひとりの子どもの実情に応じて指導していかねばならぬことは言うまでもないことです。私の学級の和香子さんは私立高校入試合格をめざしています。この和香子さんに対して、私は国語と数学と英語の指導に重点を置いています。国語は適切な教材を選んで読みの力を伸ばし、作文や詩の表現指導をして、また、特にとりたてて漢字の指導もしています。

①相談相手になる。
②最悪の出来事。
③悲鳴を上げる。
④感想を話す。

⑤合宿に参加する。
⑥予想が外れる。
⑦悲しい物語。
⑧学級全体の問題。
⑨お宮の祭り。
⑩予習と復習。

漢字の指導は、私がこのような学習内容や生活に即した語句を作ってすすめています。英語はアルファベットとローマ字の習熟から始めて、中学一年の教材で指導しています。数学は四則計算と具体的場面を通した時間・時刻の指導や測量などを教えたりしています。また、和香子さんの学習内容に合わせた国語・数学・英語の定期試験もしています。光男君は和香子さんより少しやさしい内容で進めています。また、啓子さんと翔太君はもっとやさしい教材で指導しています。

このような教科の授業は学級全体で一定の教材ですすめることはできません。一斉指導ができないことはやむを得ないことですが、教材によっては、その授業のすすめ方の工夫で、一斉授業ができないこともありません。

その一つは、文学作品の読みきかせです。子どもたちが、私が読んだ絵本をまた自分たちで休憩時間に読んでいる様子を見て、これはいいと思い、役割を決めて、参観日に保護者の前で朗読させました。これはたいへん好評だったので、翌年の秋の文化活動発表会のとき、全員で朗読することにしました。はたして全校生徒三百七十人が黙って聞いてくれるか、と心配でした。しかし、それは杞憂でした。生徒全員が初めから終わりまで、私語もなく静かにじっと聞いていてくれました。作品は『あるはれたひに』（きむらゆういち）と『わにさんどきっ　はいしゃさんどきっ』

（五味太郎）です。五味太郎の作品は、ひらがながよく読めない二人も、文が覚えられて、じつに楽しい発表になりました。本の絵をプロジェクターで拡大して、体育館の大画面に映し出したことは、作品の朗読にとって効果的なことでした。下校のとき、交流クラスの子どもたちが「がんばったね。すごくよかった。上手だったよ。」と話しかけてきたそうです。この発表は、職員室でも好評でした。

こうして、全校生徒に好評を博した発表を機に、五人の一人ひとりに自信のようなものがついていったように思います。来年もまたすぐれた感動的な作品を発表したいと計画しています。みんなに怖がられていたきつねが「しんせつなおにいちゃん」と呼ばれたことがきっかけで、おおかみから動物たちを守る優しい心をもつようになった『きつねのおきゃくさま』（あまんきみこ）など、いいなと思っています。

文学作品の朗読指導には、これからも力を入れていきたいと考えています。現在、学校では『スーホの白い馬』『ごんぎつね』『手ぶくろを買いに』『夜のくすのき』『花咲き山』『とべないホタル』『おかあさんの木』など、たくさんの作品を音読させ、視写させています。各家庭でも協力していただいて、毎日続けさせています。ひらがなを習得しつつある子どもには、五十音や単語の音読や視写に取り組ませています。こうして育てていく国語の学力は子どもたちの、人間社会や自然の理解を進めます。また、自分をしっかりと見つめて書く作文と、その内容についての話し合いは、自分の将来の自立を考える力になっていきます。

さて、私立高校入試合格をめざして国語・数学・英語に重点を置いて指導している和香子さんですが、実際には高校進学は難しい学力ではないかと思われます。入試には合格できても日々の高校の授業についていけそうにありません。授業の内容が理解できないで、黙って座っている辛さに耐えることはできそうにありません。入学したとしても、その後の本人の気持ちを支えていくことは難しいと思います。本人は「高校に行きたくない。」と言ったりしています。家庭では高校進学を希望されていますので、高校の毎日の学習と生活の様子をよく理解してもらって率直に時間をかけて話し合ってみるつもりです。

こういうケースは全国にかなりあるのではないでしょうか。こうしたケースの場合、大切なことは①本人が明るく希望をもって学習し生活していく場をどう与えていくかということ、②数年後、自立して生きていく現実的イメージを本人が獲得できるようにしていく道程を父母とともに共有していけるようにすること、③こういうことを社会的に見て考えていくこと、が大切ではないかと思います。そして、子どもたちの進路がもっと豊かに用意されたことになればいいのにと考えさせられます。

中学生の98％以上が高校に進学する昨今です。高校まで義務教育を！という主張もあります。現状では、高校内に特別支援学級が設置されることを願っています。自治体の中には、日数は少なくても身体障害、知的障害などの青年学級が設置されている所があります。公立高校に特別支援学級が設置されればいいのですが、とりあえず私立高校などに設置されるようになって、そこでゆっくりと職業についての指導もできるようになることを私は切望しています。

子どもたちの自立への道は、学校教育、家庭教育とともに、社会教育を通して拓かれていくことがもっと注視され、施策がすすめられていくことを願わないではいられません。私は現在、中学校の特別支援学級の教師として、子どもたちの発達の基礎として、子どもたちの発達の基礎としての国語教育に力を注ぎ、この力を各教科の指導に生かしつつ、自立への力を大きく強くしていきたいと考えています。全国的にみれば、かなり多くの知的な発達障害の子どもが通常学級に在籍していると思います。中学校の生徒であっても小学校段階の指導をしなければならない子どもも多いです。

最近、江口季好先生の『障害児学級の国語（ことば）の授業』（同成社）という著書を読みました。そして、これまでの私の国語の授業を振り返ってみるに、もう少し早くこの本と出合っていればと、悔やまれます。

これからはこの著書に学びつつ、子どもが書く時間を充分保障し、一人ひとりにゆきとどいた指導をしていこうと思います。子どもたちの自立していく姿を楽しく夢みながら。

（この項の担当：下末かよ子）

6　いじめを克服して自立する

一　「いじめ」を自覚する

聾学校中学部の生徒に「意地悪をされて悔しかったこと」という題で作文を書かせようとしたときのことでした。「いじわるをされたこともいじめられたこともないから、書けません。」との言葉が返ってきて、とまどったことがありました。よくよく聞いてみると、意地悪をされたりいじめられたりする原因が、聞こえないことにあるのだと自覚できないでいるのでした。つまり、自らの障害をきちんと認識していないために、いじめられているのだと意識していないのでした。

いじめられたことがないと言う生徒に、「知らない子が、あなたをじっと見ながら内緒話をしていたことはなかった？」「補聴器のことで、何か言われたりいたずらされたりしたことはない？」とたずねました。想像できるいじめの場面を具体的に話してやると、生徒は「そんなことならいくらもある」と言います。次の詩は、そうして書いた作品の一つです。

小学六年生の時

中二　小熊雅美

学校の帰りだった。
私の家の近くで
小さい女の子が
私の耳をじーっと見つめていた。
「何を付けているの！バカみたい。」
と言った。
私は、心の中が熱くなった。
「何がおかしいの。」
女の子を手でおした。
女の子は逃げていった。
家に帰ったら
二倍も三倍も心の中が熱くなってきた。
なぐりつけてやりたい気持ちだった。

耳の聞こえない子ども達は、いじめやののしりの言葉を、自らの耳で聞き取ることができません。そのために、いじめに気づかないでいることが考えられます。知らない形でさげすみや差別を受けていることも考えられます。その人の努力などではどうすることもできない障害をあざけることほど、卑劣で非人間的な行為はありません。

殺してやりたい

中二　萩原征子

耳つんぼ
おし
めくら
びっこ
障害者を馬鹿にした言葉。
軽蔑した言葉。
はじめに誰が考えたんだろう。
きっと
障害者の敵が考えたんだ。

言葉による暴力の非人間性は、その言葉を発する側には予想もできないほどの心の深手を相手に与えることです。ゆっくりした行動しか取れない子に「のろま」と言ってしまったとします。その後で、「悪気があって言ったのではない」と言い訳しても、その子が受けた心の傷は、取り消せるものではありません。にもかかわらず、「のろま」と言った側は、何の痛みも損害もこうむることはありません。いじめ、言葉の暴力が非人間性であるゆえんがここにあるのです。

聴覚障害の子が人権に目覚める第一歩は、耳が聞こえないことが理由でいじめられていることを自覚することから始まると言えます。

二　「障害」を知る

聴覚障害者のコミュニケーションの方法は、主に手話です。聴覚障害者の集まりなどで、声を出さずに手話だけで話をされると、耳が聞こえる私は話がわからず、一人だけ除け者にされているような気持ちになります。そんな時は、「声を出して、話してください。」と言うことにしています。

看護学校の学生が、「看護師になったとき、障害者にどう接してよいかを勉強したいので、学校を参観させてほしい。」と来たことがありました。せっかくの機会だと、高等部の生徒と話し合いを持ちました。生徒から「障害者をどう思っていますか？」との質問が出ました。「耳が不自由なだけで、後は私たちと同じだと思っています。」との学生の答えに、「どういうところが同じですか？」と再質問しました。聴覚障害に対するうわべだけの理解をつかれて、学生たちは答えに窮したのでした。

一方、看護学校の学生から、「私たちは将来看護師になりますが、看護師や病院に対して要望があったら聞かせてください。」と出ました。聾学校の生徒は、「診察の順番が来たとき、手招きで教えるなどして、聞こえないことを配慮してほしい。話をするとき、手話や筆談をやってほしい。」と答えました。すると、学生の側から、「聴覚障害の人は、外見では障害者かどうかわかりません。だから、はじめに『わたしは聞こえません』と言ってください。そして、どう対応してほしいかを伝えてください。そうすれば、私たちはそれにあわせた対応ができます。」と、逆に要望が出されました。生徒の「してもらう」ことを当然と考える甘えを鋭く指摘した学生の言葉に、私は感動にも似た心地よさを覚えました。

大人の障害者でも、してもらうことになれてしまい、自らは何の努力もせずにしてもらうことを当然のことと考える人がいます。生徒の中にも、こうした甘えがあることも事実です。

「してもらう」ことを当たり前として待つのではなく、自分が障害者であることを伝え、手助けしてほしいときにそのことを伝える。これは甘えることでも、依存することでもありません。自分だけの力ではできない時は他人の手を借りる。その代わり自分が人のためにできることはしてあげる。共助共存、相互扶助の精神は、人間社会では当たり前のことです。

「障害者理解」とか「障害者との交流」などと言って、自治体などの主催で催しがさかんに行われています。こうした機会が増えることは好ましいことです。しかし、障害者を「してもらう」側、そうでない人を「してやる」側とした一方通行の「交流」なら、持てる者から持たざる者への「施し」です。「施し」の心は、「哀れみ」「憐憫」です。相手を自らより一段下に見た哀れみや憐憫は、対等な人間関係とは言えません。障害があるなしにかかわらず、対等な立場で相手を尊重しあう。そのなかで必要なときには助け合う、そうした関係が普段に存在するのがまっとうな人間社会です。このことを生徒たちに気づかせるためにも、看護学校の学生と聾学校生徒との話し合いのように、双方が本音で語り合う機会が多くほしいものです。

三　自立への道

通院バスの中で

高二　川崎文恵

井戸店（バス停）が近づいたので、おばさんのほうを見て、

「さようなら。」

と言うと、おばさんがびっくりしたような顔をして、

「さっきは、ありがとう。さようなら。」

とまた笑顔をしていた。バスが走り出した時、一番後の窓からおばさんの夫の人がにっこりして手をふっているのが見えた。私はびっくりして、手をふって挨拶をした。

　原接骨院へ行っても、おじさんとおばさんがほほえんでいる顔が浮かんできた。私は「やっぱり、言ってよかったなあ……。今までは知らない人が何か言ったら、必ずわかりませんと言うだけだったので、変な顔をする人が多かったなあ。」だけど今日は初めて笑顔をしてくれたので、私はとてもうれしかった。

　バス停前の店が真っ白くて明るく見えた。道を歩いていると、いつもの道が広くなっているみたいだった。


　バスの中で見知らぬおばさんに行き先を聞かれた。いつもは「わかりません」と逃げていたが、今日初めて教えてあげることができた。他人のために役に立てた喜びと心の充足を書いた作文の終わりの部分です。

　些細なことでも、他人のために役立つことができた、しかもそのことを相手が喜んでくれたとなれば、自らの存在感は自信へとつながっていきます。障害児のなかには、他人のためにしてあげる力があるにもかかわらず、そのことに思いいたらない子がいます。してもらうことになれてしまい、他人のために役立った経験を持ち合わせないでいるのです。ですから、この作文のような子どもの体験を掘り起こし、書かせる。書いた作文をクラスで読みあうことをします。読みあう中で、「してあげる」ことのすばらしさ、人としての豊かさを学びあっていくようにします。

　人のために役立つことの喜びを通して自らの存在感を確認し、自信につなげていく。その営みのもっとも確実な方

法は、家事の手伝いをすることです。「働く」は「はた（周り）らく（楽）」に通じるとも言います。

私は、本当の賢さは、自分がおかれている状況から、近未来を予測し、今何をなすべきかを考え行動する力だと考えます。働いているお母さんがまだ帰宅していなかったので、流しに浸けたままになっている朝の食器を洗った。ついでに部屋の掃除もした。すると帰って来たお母さんが大喜びをした。そのことを作文に書いていく中で、家のために役立つことの喜びと心の充足を味わう。そうした経験の繰り返しが、思いやりの心と賢さを育てていきます。

自分のことは自分で決め、そのことに責任を持つ、自己決定と自己責任のバランスが、自立の基本です。人は独りでは生きていけません。もちつもたれつ、助け助けられしながら生き合っていくものです。これは、障害のあるなしに関係ありません。自分で決めたことに自分で責任を持ち、周りの人とかかわりあっていく、自己決定性と責任感のバランスの上に、他人とかかわりあって生きていく、生きていることの確かさと喜びを知ること、それが自立することなのです。そのためには、この子どもたちが社会人となったとき、音声言語をともなわないでもできる多種多様な安全な就労体制を整えることが大切であることは言うまでもありません。この問題は、もちろん聴覚障害者だけのことではありません。様々な障害に即して考えられなければならないことです。視力障害者としては、琴の演奏における宮城道雄氏、津軽三味線の高橋竹山氏、新潮社からみごとな画集を刊行した知的障害の山下清氏、身体障害者では俳人の花田春兆氏。『五体不満足』の著者乙武洋匡氏らのこともあわせて考え、それぞれの子どもの夢を描きたいと思います。もちろん、学校教育としては就労中心の考えではなく、子どもの全面的発達をめざすことが中心であることを前提として。

（この項の担当：久米武郎）

三　高等部の実践

1　子どもたちの変化をみる――ことば、その内面をみつめて――

京都の北部、天の橋立を境とした内海（阿蘇海）が眼前にひろがる小高い丘に、与謝の海養護学校があります。

高等部では、新入生を迎え、十日あまりにわたる組織的な集団づくりの活動によって、緊張感もみられた生徒たちもお互いに仲間としての育ちを始めます。そんな中、学習集団（同じような発達課題をもつ生徒の学習グループ）が発表され、つづいて一年生の基礎集団（一年から三年まで縦割りで、いろんな障害をもった生徒や発達段階をこえた生徒で編成されており、仲間どうしが助け合ってそれぞれの役割を果たしていく中で発達していくように考えています）が決まります。

健治は、地域の中学校の障害児学級を卒業し、本校に入学してきました。毎日きちんと学生服を着、学生カバンをさげての登校です。汚れることを極端にきらい、かっこうにこだわり、服装・髪形のことを言われると、突然すごい勢いで怒り出し、口数は少なく、こちらから何を問いかけても「しらん。」「わからん。」の一言がかえってくるそんな生徒でした。健治は四グループになり、私は四グループだより『太陽がでとるで』の仲間の紹介欄に「大きな集団の中で、とまどいがみられるようです。グループ学習がすすめば友だちもでき、何でも話せるよ。」と書き入れました。自分の言いたいことを、どんどん指導者にぶつけてくる他の四グループの仲間の中にあって、彼は私たちにとって最も気にかかる存在でした。

個の変化、発達を考える時、私たちは、集団の育ちとともに、集団の中での個の育ちに目を向けます。

ここで四グループ、健治を取り巻く『太陽がでとるで』の子どもたちの紹介です。五月に入り、靖幸（三年）が叫ぶように「ぬくいもんがでとるぞー！」から「あついもんがでとるぞー！」の季節。教室から外に出て、動物探しをし、名前を言い合って、その様子をよく見て話し合った時のことです。

裏山から流れ出る水を引き込んだ池があり畑があり、鳥小屋があります。池でカエルを見つけた和則（三年）は、もう夢中です。カエルが前に飛び出す瞬間、ねらいをさだめてサッと捕まえます。まさに名人芸。みんなが和則に見入っている間に、靖幸は裏山に駆け登り、みんなの注意を向けさせます。「オーイ！　高いとこにおるどー！」と。「さきにいくでー！」と行きかけると、しかたなく山を下りる靖幸。鳥小屋のところにきた時のことです。健治に聞きました。「これ、なんだ。」「しらん。」もう一度聞きました。「とり。」と答えました。「色は、なに色かな。」「しらん。」……。すると、おとなしい加奈子（三年）が「みずいろ。」とこたえ、和則も「あお。」とこたえました。靖幸も「きいろいのがおるぞ。」と先生はよ見て、というように言いました。なるほど、頭のところが黄色の毛でおおわれているのもいました。このようなあとで、健治に「あお。」と教えました。「あお。」と大きな声で言い返していました。

次に、また健治に聞きました。「健治くん、鳥は何羽いるかな。いくついるかな？」と。十三羽ほどいるのですが、なんと「ひゃく（百）。」とこたえて、笑いの表情がかえってきました。「ほんまかぁ、そんなにおるか、よう見てみ。」と、互いに笑いながら、こんなやりとりをしながら、鳥小屋をあとにしたのです。そうそう、言い忘れです。インコの名前を教えたのは、修（一年）でした。もう一人の一年のまゆみ、彼女は他の養護学校分校中学部卒で、よく話したいことが言えるほがらかな性格の持ち主。肢体が不自由ですが、がんばりやの彼女。学習で学校近くの川の上流まで歩いて行った時のことです。とても暑い日で、まゆみも汗びっしょり、たえかねて、空を見上げ言ったのです。

まゆみ「あついなあ。」

T　　「あついなあ。」

まゆみ「太陽が　でとるでーか。」

そうなんです、まゆみ。「太陽がでとるで。」あつい汗も出るし、「太陽がでとるで。」草も木も、虫も鳥も、そして私たちも生きているんだよ。

子どもたちのこんな発見を大切にしていきたいと、四グループだよりを『太陽がでとるで』と名付けました。私たちは常に、メモ用紙とボールペンを身につけることが習慣になっていました。あと二人、二年の誠と泉美。誠は走るのが得意。そして、他の仲間の「いけない」行為をすぐ先生に告げたり、「ぼく、がんばった！」と申告し、評価を得て満足。その彼も問われたことに対してみんなの前で話すとなると、急に不安な態度になり、話すことができない状況を見せたりします。四グループの中で、他の仲間より何でもできるという自信をもつ泉美は、言語・認識のレベルで最も高い段階にあると思われますが、二年になり、不安定な状況がかなり影をひそめ、がんばりをみせています。

健治のまわりの集団はこんな仲間たちでした。

週二回のたより『太陽がでとるで』発行の前日には、集団論議が必要でした。一人の目では追い切れない子どもの状況も複数の目によって、共通したものとしてとらえることができるようになってきます。

子どもたちが、何をどのように見たり感じたり考えたりしたか、また、どのような時にどんな活動をしたかがだされてきます。次の働きかけがこのような話し合いの中から生まれてきます。子どもたちへの具体的な働きかけ・めあてを持って接していく中で、子どもが見えてくるのだと思います。子どもたちの変化に学び、方針をもって意図的にとりくむことがとても大切です。

やがて、五月の家庭訪問をする中で、健治の現在の状態が、その家庭環境にも大きく影響していることを感じました。大変に厳しい生活環境の中にあり、家の中での会話はほとんどなく、そのような中で、評価をされたり、次への意欲を生み出すような関係が大変に貧しい。そして「学校なんかおもしろくない、あんな学校にやったんはお母ちゃんや。」などと、自分の不満をすべてお母ちゃんにぶつけ、なぐったり、けったりという行動をとっているのでした。

このように、言語に関する環境が極端に貧しいことの現れか、この頃、健治が描いた人物画には、どれも口が描かれていません。私たちはとにかく彼にとって、学校がおもしろい場だと思えるようになることが大切だと考え、このことを基本に、何とか彼を変えていこうと、意識的に働きかけることにしました。

六月に入り、三・四グループ「ことば」の学習で、「おおきな　かぶ」を教材としてとりくみ始める中で、はじめ犬の役で「ワン！」とひと声発した彼に、「次は、じいさんをするか。」と聞くと、「なんでや。」「いやや。」と真剣な顔がかえってきたのです。けれどもことばではこのように拒否しながらも、その表情の中に、これまではみられなか

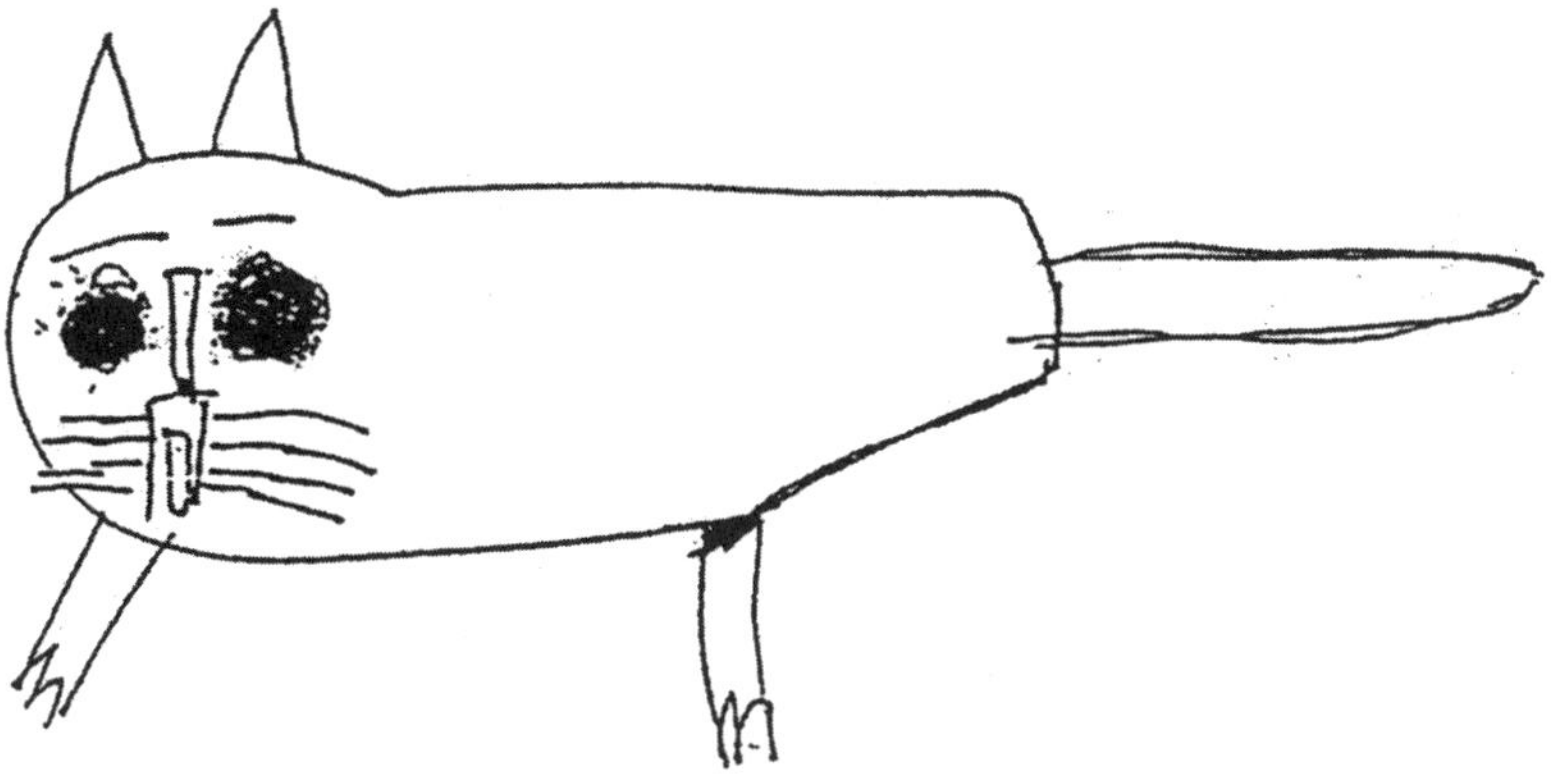

健治の描いたうさぎの絵

この「うさぎ」の絵には初め口がありませんでした。うさぎの口はどうなっているか？　とうさぎの顔の真正面にいき、じーっと観察して、この「口」が描けたのです。

った気持ちの通い合いを感じたのです。そして、これからの健治が楽しみだと思わずにはいられませんでした。ちょうど同じ頃、「むずかしいなぁ」と言いながら、全校による田植えをがんばりとおしました。

私たちは、このようにいろいろなとりくみの中で、評価をうけ、自信をつけていけば、「わからん。」ということもなくなり、要求もだせ、ことばも生活と結びついてひろがってくるだろうと考え、その指導を心掛けていきました。

その後、「しらん。」「なんでや。」などと言いながらも、次のことばがでるようになり、同じ四グループの仲間との関わりも、自分の方から持つようになってきました。また、昼休みなどに、他のクラスの四グループ担当の先生のところに行って、話しかけられるのを待っていることが、よくみられるようになりました。そして、一学期さいごのグループ労働で、汗を流しながら、指示にこたえ、竹を運んだり、くい打ちに熱中する姿を見て、もう健治は大丈夫だ、という共通の思いをもったのでした。

二学期には、一学期にみせてくれた力をより確かなものにしていきました。

九月末、さつまいもの収穫の日、四グループの子どもたちの多くは調理を期待していたのです。雨が降れば「お好み焼きをつくろう。」と言ったものですから、もう和則などは「調理、調理！」とご機嫌でした。

ところが私たちの予定どおり、期待どおりに雨がやんだのです。みんな長ぐつにはきかえて畑に集まっているのに、和則はみんなを横目に姿を消し、なかなかもどってきませんでした。いろんなことがありながら子どもたちは手ぐわを使いながら、ていねいにさつまいもほりをしました。

次の日、国語の時間の中で、健治は次のように話しました。

きのう　したやん。いも　ほった。おおきいんやら　ちいさいんやら。くわでほって　てでした。いもは　かざっておく。いもほりは　すき。こんどもがんばります。　健治

労働の時間では、認識の面でも、操作性でも高い力をもっている健治は、道具などもすぐに使いこなせるようになり、そのことに対する評価が、また、次への意欲へとつながって、汚れることなど全く気にせず、とても集中してとりくみました。粘土で細いひもを作り、それを積み上げて作品を作った時、それを発表しながら、「(上の方が)ひろがらないように工夫しました」と、自分のがんばりをみんなに伝えることもできるようになりました。

このように、入学当初から大きな変化をみせてきた健治は、今では四グループの仲間の中で、最もたくましく、あらゆる面で大きな力を発揮できるようになっています。そして何よりも、「しらん。」「わからん。」ということばがな

くなり、どのような場でも、自分のその時の気持ちを素直に表現できるようになってきました。

また、家庭の中でも、お母さんに対する暴力がなくなり、中学校に入って以来、全く手伝わなくなっていた畑仕事も、それでも照れくさいのか、お母さんが気がつかないうちにこっそり鍬をもって畑に行き、耕しているそうです。

将来についても、「大工さんか、左官屋さんになりたい。」と希望をはなしたりしていると聞き、驚くとともに、そのたくましさに、感心もさせられました。

このような健治の変化を、何よりも私たち指導者との信頼関係を築くことを大切にし、小さいことでも見逃さずに評価しようとしてきたことの成果であると押さえると同時に、これらの力が単に、今までにつけてきた力を発揮できるようになったということでなく、生きる力として活動しはじめたとしてとらえ、より新しい力を身につけていけるよう、これからも彼と私たちの歩みを大切にしていきたいと思います。


私は、与謝の海養護学校一校のみの経験で職を辞しましたが、その期間の多くを重度の子どもたちやここに登場するような子どもたちと過ごしました。その子らの表情の中に、その目の表現の中に、信頼を結ぶような心の動きに、次への意欲を感じてきたんだなぁと思います。

子どもたちからずい分学ぶことの多かった私は、信頼・尊敬が含まれる人間としての深い《共感》ということばがすべてを語ってくれるように思われます。


（この項の担当：滝　正導）

2　自分を見つめる現場実習から就職へ

養護学校（特別支援学校）高等部の教育の中心に、進路指導があります。ほとんどの生徒にとって高等部が学校教育の最後の場で、卒業後は社会人としてそれぞれの進路を歩むことになるからです。

進路の選択は、卒業後の生き方の選択でもあります。どこでどんな仕事に携わる（社会と関わる生活をする）にしても、ひとりひとりが社会の中で、持っている力を十分発揮し、豊かで充実した生活になるよう、願わずにはいられません。

進路指導は、小学校・中学校の時から、将来の社会生活のために必要な力を付けるべく、学校教育のあらゆる機会に、また家庭生活の中においても行われてきました。

高等部においては、それまでに獲得されたことを、整理点検するとともに、三年後の生活へ、希望と目標を持って即スタートできるような教育プログラムが求められます。進路・作業の授業以外にも、相談機関や職場見学、校内実習、職場実習など、体験しながら考え、ステップアップしていく方法で行われるよう計画し、実施してきました。

細かい指導内容を列挙することは避けますが、その大きな柱は、①自分自身をしっかり見つめること、②働くことについて捉えられていること、③社会のしくみや約束ごとがわかること、の三つに要約できます。

進路を自分で選びとるためには、自分の性格や良いところ、できること、できないこと、障害も含めて、自分のことがわかっていることが大切です。また卒業後は、それぞれが社会参加し、自立していくことになりますが、働く生活が中心になる人には、仕事や労働に関心が持てるよう、家族の仕事や、世の中にどんな仕事があるかなど、一年のうちから学習を重ね、職場見学などを通し、自分が働くイメージをつくっていくことが重要です。

これから紹介するのは、信也くんの二年生と三年生の二回の現場実習の後に書いた作文です。自分を見つめながら、社会を視野に捉えていく青年のようすを、読み取っていただけたら幸いです。

現場実習を終えて

信也

二年になって二回目の実習が終わりました。会社の名前は「山川鋳工」少し遠い。京浜島でした。朝は六時くらいに出ないとちこくしてしまいます。着いてから服に着がえて八時までは、みんな火にあたってます。仕事が始まると、ヘルメットと軍手をします。フローミキサーは重たくて片手じゃ動かせないので両手でやっています。木型が中で、鉄枠が外、積む枚数は大きさによります。普通は厚めのを三枚重ねます。めしを食べて、午後はまた砂づめです。金型や小型の木型を砂づめしながら気付いたら四時三十分、退社時間です。

風呂に入って、海上公園のバス停まで走って行き、外はもう真っ暗だー。二十分くらい待ってやっと来たら、今度は混んでるぜー。

鋳物工場での実習は、砂や火との格闘、汚く、暑く、危険も伴う仕事です。

彼は、一回目の実習は、木工関係の別の会社だったので、この会社は初めてでした。

この作文は、一日の生活の流れに添って簡潔にまとめています。慣れない所で、相当辛い経験なのに、最後のところでバスが「混んでるぜー」なんて、余裕さえ感じられて、頼もしいと思ったものです。

同じ信也くんが、三年になって、同じ工場で実習した時の作文では、難易度の高い仕事もこなしていくようすがわかります。

実習を終えて

信也

私は、山川鋳工は二回目でした。二つの会社が一つの屋根の下で鋳物を作っています。となりの会社は橋本鋳造所と言って同じ事をしています。

仕事は、揚りと、かけぜき、木型への砂入れ、湯は午後一時三十分、二時三十分、四時十五分に、だいたい三トンで、温度は、1430〜1320℃くらいです。近くによるとすごくあついです。十トンまで持ちあげられるクレーンでつっています。揚りを土で固めて、かけぜきから湯を注入しています。入れる時に、鉄のつぶがはねて、花火のようできれいです。

斉藤さんは職長です。ヘルメットに黒い線が二本あります。私は緑色の線です。長いようで短かった三週間でした。

「早く卒業して働きに来なさい。」って、園田工場長に言われました。早く行きたいです。

揚り、かけぜきなんて専門用語は私にもわかりません。湯というのは、熱した鉄のことで、木型・鉄枠に注入して、冷えれば鋳物になるというわけです。

彼は、卒業後この会社に就職し、ほとんどの工程がこなせるようになっただけでなく、数年後には玉かけクレーンの免許も取得したのでした。また同期、あるいは後輩として、通常の高校（工業科や普通科）を卒業して入社してきた人以上に、社会人としての心構えも、実際の作業能力も高いと、工場長や職長に評価され、私も誇りに思いました。

しかし、日本の産業構造の変化の波にさらされ、この会社は閉鎖され、現在はありません。信也くんは、第三次産業で、今日も元気に働いています。

（この項の担当：寺脇洋子）

3　劇の魅力、再び

東京都立港養護学校は、小・中・高の3学部からなる知的障害養護学校である。担任をしていた高等部3年は、生徒18名（男子11名・女子7名）、教員9名の体制であった。学校祭「みなと祭」は、例年1月末の土日の2日間にわたって開催される。着任当時、高等部では美術・クラブ等の展示、作業班販売の他に、1・3年生で舞台発表・劇、2年生で模擬店をやるのが慣例となっていた。

(1)　題材選定、構成、テーマなど

「何をやるか？」劇作りのスタートであり、最初に頭を悩ますところである。

①高等部の舞台発表ということで、その生活年齢を意識すること。
②昔話や童話等、馴染みのある話ではないこと。（生徒・観客共に）
③生活劇（生徒の日常を描いたもの）ではないもの。
④上記を受けて、子ども（生徒）がどう演技するのか、どういう動きをするのかという劇の見方の他に、一つの作品としてストーリー自体を、観客に見てもらうものとすること。

以上の4点を考慮し、『少年H』（妹尾河童著、講談社文庫）を選定した。

あらすじ、書評など

・胸に「H．SENO」の文字を編み込んだセーター。外国人の多い神戸の町でも、昭和12年頃にそんなセーターを着ている人はいなかった……。洋服屋の父親とクリスチャンの母親に育てられた、好奇心と正義感が人一倍旺盛な「少年H」こと妹尾肇が巻き起こす、愛と笑いと男気の物語。
・忘れかけている太平洋戦争とその時代を通して現代に記した、著者初の自伝的長編小説。戦争のまっただ中を逞しく生きる悪童とその家族が、感動を巻き起こす大ベストセラー作品。戦争を知らない少年少女はもちろん、大人たちも是非読み継いでほしい、毎日出版文化賞特別賞受賞の名作。
・ここにはしたたかだが純粋な「少年H」の眼を通して、あの戦争の時代が活写されている。これは戦後50年という時間と、妹尾河童という個性を得てはじめて形象化されたあの時代の「意味」である。
・この物語には今まで誰も書かなかった貴重な「時代への証言」がある。戦争を知らない少年少女はもちろん、かつて少年少女であった大人の人にも、逞しく繊細な「少年H」にぜひあってほしい。笑いと涙と事実の素顔に。
・児童文学のジャンルでいうと戦争児童文学に当たるが、この本はどこか肌触りが違う。戦争の悲惨さに主眼をおくことが多い、いわゆる戦争児童文学と異なり、戦争を引き起こした大人の愚かしさが活写されているからだろう。
・戦争の暗さとは離れた、少年だけのゆったりとした時間が流れており、彼らの目にはこんな風景が飛び込んできたと、読者に感じさせる。

構　成

・上巻「三つの宝」の章のエピソードを土台に、芥川龍之介の童話「三つの宝」を折り込んだ劇中劇の構成とする。
・太平洋戦争は時代背景として押さえるにとどめて、少年の持つ好奇心や、友達との交流、母親とのやりとり等に焦点を当てて、ほのぼのとした子どもの世界を劇化する。

・第10幕で、少年Hたち実在の世界に、童話「三つの宝」の人物が登場し、虚実入り乱れるラストシーン……。

テーマ

①「少年のような〝純粋な心〟を忘れない」（生徒たちには「ピュアなハート」で通っている）
②ラストシーンでHと王子が声を合わせた台詞。
「ぼくたちの目の前に広がる世界。この先何があるかはわからないけれど、前を向いて進むだけだ！」。この「ぼくたち」には、三つの意味が込めてある。
1．「三つの宝」の人たちがおとぎ話の世界から抜け出して、現実の世界にやってきたということ。（養護学校から実社会へという意味もかねてある）
2．少年Hたちがこの先待っている太平洋戦争というつらい時代でも、夢と希望を失わずに生きていくんだ、という決意を表していること。
3．劇を演じた18名みんなへのメッセージであること。

テーマソング

井上陽水作「少年時代」。
劇中劇「三つの宝」はスクリーン・ミュージック（風と共に去りぬ、スター・ウォーズ、ロミオとジュリエットなど）で統一。

配役

・劇の流れを人形劇（ペープサート）で上演した後、やってみたい「役」は何かの希望をとり、オーディションを経て配役決定、という形を試みた（とんでもない希望がでてきたらどうしよう、と一抹の不安を抱えながら）。皆、第一希望から第三希望までにおさまり、それぞれの「役」が決定した。

・1年次とは違い、生徒には馴染みのない（イメージしにくい）設定とした。

・高等部3年18名（1G〈重度〉…7名、2G〈中度〉…5名、3G〈軽度〉…6名）

可能な限り、各グループの偏りがないように配慮した。（ ）は人数。

少年H	…3G	駄菓子屋の店主	…1G	盗人	…1G・2G（2）・3G
母	…3G	王子	…3G	酒場の主人	…2G
ドンちゃん	…3G	お姫様	…1G	店員	…1G・2G
友人	…1G（2）	王	…3G	客	…1G・2G

（2）台本の概略（展開）

第1幕　Hの家（幕前）

父と妹は不在。母と二人で夕食をとる。母は敬虔なクリスチャンで、毎食のお祈りは欠かさない。Hはあまり気乗りのしない感じで母に続く。「アーメン。」「最近どこかで寄り道しているんじゃないの。聖書と教科書の他は読んではダメよ。」という母の言葉にごまかすH。

第2幕　駄菓子屋の前

学校帰りのHたち一行が登場、駄菓子を買ったりする子供たち。店主とのやりとり。メンコやベーゴマ等、（懐かしい）遊びに興じる子供たち。もちろん母には内緒のことであった。

第3幕　ドンちゃんの家へ行く道（幕前）

ドンちゃんの家へ遊びに行こうということになった。「大丈夫。」との友人の言葉に「ドンちゃんは信用があるんだ。」とHはウインクをする。

第4幕　ドンちゃんの家の応接間

革張りのソファー、大きな本棚には、ずらりと本が並びまるで本物の図書館のよう。Hはたくさん並んだ蔵書の中でも、黄色い布張りで金の縁取りが施してある芥川龍之介の童話集『三つの宝』が気になってしょうがなかった。「この本、貸してくれないか。」と頼むと、いつもは気前のいいドンちゃんが「ダメ、これはお父さんの大事な本だから、絶対ダメだ！」この激しい口調にHも友人たちも驚いた。しかし、Hは余計に借りたくなった。Hの脅迫じみた口説きに弱り果てたドンちゃんは、交換条件にとんでもないことを言い出した。

「じゃあ、空中回転ができたら貸してやる。」（Hにはできっこない）。「よし、やってやる。」友人たちがはやしたてる中、Hが本気になっているのを知ったドンちゃんは、「やめろ、やったらダメだ。」と叫んだ。が、Hはすでに走っていた。見事、失敗。頭から落ち、右肩を強く打ち、激痛が走った。「もうちょっとだったのに。」と痛みをこらえながら、負け惜しみをいうH。心配そうにのぞき込む友人たちに、「このことは絶対にお母ちゃんにはいわないでくれ。」と、口止めをした。

第5幕　Hの部屋（幕前）

右肩を吊っているH。鎖骨を骨折してしまったのであった。そこへドンちゃんがお見舞いに来る。その脇にはあの『三つの宝』が抱えられていた。

「治るまで貸してあげる。でも誰にも見つからないように、内緒にしてよ。」

「うん。心配しなくて大丈夫。見つからないところに隠しておくから。」と言いながら、左手で本をギュッと抱きしめた。ドンちゃんは、ちょっと困ったような顔をしながら帰っていった。もしかすると、本を返してくれないのでは、と心配になったのかもしれない。ドンちゃんが帰り、一人になったHは嬉しくてたまらなかった。「骨は折ったけど、骨折り損ではなかったなぁ〜。」と『三つの宝』が自分のものになったかのようにはしゃいだ。そして、ドキドキしながら『三つの宝』のページをめくった。

〈劇中劇『三つの宝』の物語――メルヘンチックな雰囲気。各幕の間は幕前で、Hが本を読む〉

第6幕　森の中

旅をしていた王子が、森の中で出会った四人の盗賊から、不思議な魔法の力をもった「身を隠すマント」「空を飛べる長靴」「なんでも切れる剣」を買い取る。ところが魔法の宝物とは真っ赤なウソであるのだが、王子は騙されたことを知らない。

第7幕　宿屋の酒場

宿屋の酒場。ダーツゲームなどで盛り上がる店内。店員は客の注文に応じるため、グラスやジョッキを手に忙しく動いている。「かんぱーい！」の声が響く中、店の主人がポツリと、近々悪名高い王様と姫の結婚式が城で行われるということをつぶやく。噂では姫は王様のことが大嫌いで、無理強いの結婚だという。（「かわいそうなお姫さま」の歌を歌う）

第8幕　王城の庭

それを聞いた王子は、姫を救い出す決心をして、一人で城に乗り込んでいく。王に勝負を挑み、魔法の三つの宝で悪人の王様をさんざんな目に遭わせるつもりだったのだ。ところが王子の持っていたマントも長靴も剣もインチキだったから何の役にも立たない。反対に王様こそ、本当の魔法のマントや長靴や剣を持っていたから、たちまち王子が危なくなる。それでも勝負を挑んでくる王子を前にして、王様が「魔法の三つの宝があれば、何でも手にはいるし、王女ももらえると思っていたが、間違いだった。」と言ったのであった。悪者のはずの王様が本当はいい人で、王子は実は自分は正義の味方と思いこんでいただけだった、ということがわかってくる。

「我々三人は目が覚めた。目が覚めた以上、おとぎ話の中に住んでいるわけにはいかない。目の前にはもっと広い世界が広がっている。その先に待っているのは、苦しみか楽しみかはわからない。しかし、その世界に進んでいくだけだ。」と王子が高らかに宣言した。

第9幕　Hの家（幕前）

右手を肩から吊っていて、不自由な生活を強いられていたHであったが、幸せだった。家にはあの『三つの宝』が待っていてくれるからだ。

ところがある日、大変なことが起こった。学校から帰ると、母親がその『三つの宝』を持って恐ろしい顔をして、仁王立ちしていたのだ。「この本はどうしたの?」「いい本だから読んでごらんと、先生が言ったんだ。」とっさに嘘をつくH。すると、母親は本を脇に抱えたまま「学校に行って先生に聞いてくる。」と言って、慌ただしく出て行ってしまった。

Hは焦った。本を貸したのがドンちゃんだとわかって、彼のお父さんにもバレたらどうしよう?何といって詫びればいいのか?Hは頭の中がグルグル回って気絶しそうになった。一時間ほどして母親が帰ってきた。「先生は確かに『三つの宝』を読んでみなさい、と言ったそうです。これからは聖書以外の本を読んでもいいから、母さんに隠さないように。」Hは母親のあまりの変わりように呆気にとられた。そして、先生がHの嘘に怒らず辻褄を合わせ、庇ってくれたことにも驚いた。「悪魔のような王様が実は〝いい人〟だった話と同じみたいだなぁ。」ゲンキンなH

は、今まで嫌いだった先生のことが急に好きになった。まだ肩の包帯はとれていなかったが、『三つの宝』をドンちゃんに返すことに決めた。

第10幕　駄菓子屋の前

駄菓子を買う子供たち、遊びに興じる子供たち。（第1幕と同じようなシーン）

ドンちゃんに『三つの宝』を返すH。彼は毎日、本棚の中のケースの中身がなくなっているのを父親に発見されやしないかと、ドキドキしていたことだろう。そう思うととても申し訳なく思った。と同時に本当に嬉しかった。

「長い間、ありがとう。おじさんにとってもこの本は〝宝物〟なんだね。すごく高い本だけど大人になったら必ずこの『三つの宝』を買うよ。」

《暗転》スクリーンに太平洋戦争当時のシーン。

ナレーター：時代は太平洋戦争に突入していく。「この戦争はなんなんや？」少年は正直かつ貪欲に問い続けた。だが、誰一人答えてはくれなかった。少年は生と死の間で激しく揺さぶられながら〝戦争〟をしっかり体験していく。この物語には貴重な「時代への証言」がある。戦争を知らない少年少女はもちろん、かつて少年少女だった大人の人にも、逞しく繊細な「少年H」にぜひあってほしい。（文庫本・推薦の言葉より）

そこへ『三つの宝』の物語の人物も登場（おとぎ話の世界から抜け出してきた）し、駄菓子屋の周りに集まり、皆と一緒に遊んだり、話をしたりする。輪の中にいたHと王子が振り返り、「僕たちの目の前に広がる世界。何があるかはわからないけれど、前を向いて進むだけだ！」と言って、再び皆の輪の中に戻っていく。

（3）感　想

①**生徒**（軽度グループ）

・劇「少年H」の幕がいよいよ開く。本番までの長い道のりがありました。自分的には、学校行事の中で最高のイイ思い出が出来た。今までのツライ練習が、横切るように涙でいっぱいです。やっぱり劇は、みんなでやる気持ちをそろえないと劇はできないと思った。みんなの気持ちがひとつになったから成功した。

・本番前のときぼくは、あんまりごはんがたべられませんでした。3年生さいごのみなと祭です。ぼくは少年Hをうまくできるかふあんでした。むねが、すごくドキドキなりました。でばんがおわったらすこしほっとしました。ぼくは、みんなといっしょうけんめいがんばってぼくたちはうれしかったです。

・僕は三つの宝をめぐって現実には出てこない役をやりました。練習中は注意されて一回はもうやっていけないと自信を失ったこともありました。でもみんなで頑張ろうという気持ちになってからは最後の劇だから成功しなければいけないんだと思ってやったら、やっぱりうまくいったので、この劇をやったことは失敗じゃなかったんだ、反対にやっていなかったら後悔してたんだと思ってやったらやって、しかも成功できたから満足できたからよかった。この劇はいつまでも大人になってでも忘れられない事となったと思います。

・僕の中では「王子様役は大成功だ！」と思いました。学校を卒業したら、僕は仕事をします。これから先に何があるかはわかりませんが、劇の最後の台詞の様に「前を向いて進んでいくだけです。」の気持ちになって、これから先を一生けんめいに仕事や生活をしていきたいと思います。

②**観客**（保護者）

【題材・構成】

・子どもたちが演じやすいようにうまく構成され、演出にも苦労と工夫が見られ、さぞ大変だったことと思います。

・劇中劇という設定は難しい気はしましたが、やってみると思っていたよりわかりやすいものでした。オリジナルの脚本ということで、大変だったことと思います。

・よかったと思います。原作も知っておいた方がいいということで、本を買ってきましたが、普段全く本を読まない人が、上巻の半分くらいまでは読み進んだので、そんな意味でもよかったです。

・専門的なことはわかりませんが、劇中劇なんて見ている人にわかるのかな？　と思っていましたが、展開もスムーズで、かえってストーリーにメリハリがあって良かったです。

・限られた時間内に、わかりやすく、活き活きとまとめられていました。

・時代設定（戦前）が新鮮でした。

・劇中劇で、場所・時代の全く違う対照的な内容に変わる構成が生きていてメリハリがある。

【音楽・効果音】

・スクリーンミージックとは、にくい演出でした。劇がとても深みをましたと思いました。

・場面にあった音楽は舞台を盛り上げ、観客を引きつけていました。

【道具・背景】

・昭和20年代生まれの私にはとても懐かしい町並みや部屋の様子でした。子どもたちにはどう映ったのでしょうか？

・大道具・小道具、とてもリアルなものでさぞ時間がかかり、大変だったのでは、と思いました。とても手が込んでいて、作った生徒たちのがんばりがうかがえました。

・「すごーい！　素晴らしーい！」の二言です。

【衣　装】

・大変な苦労があったことと思います。色々な体型の子がいるにも関わらず、一人一人に合わせて、少し照れながらも嬉しそうに着ていた子どもたちの顔が忘れられません。

・「執念」という言葉が似合いそうな位、力（リキ）はいってました。

・地味な現実世界と、本の中のカラフルな世界の衣装の対比がすてきでした。

・「三つの宝」では、衣装のカラーコーディネートがよい。完璧です。アカデミー賞です。

【照　明】

・幕間の少年Hのシーン等、とても上手く生かされていたと思います。

【配　役】

・いつもながら適材適所の役割を皆に与えるのには、感心しています。

・終わってみると、どの子もピッタリと思えるものでした。ということは、皆とても上手にやっていたということでしょうか。

・役が決まって練習を重ねて、だんだん馴染んでいくのか、皆それぞれぴったりという気がしました。子供たちの素直な気持ちがそれぞれの役を作っていくのでしょうか……。

・それぞれの役者の持ち味が活かされた配役で、みんなが光っていました。

【演　技】

・台詞を覚えるのも大変なのに、よくあれだけの演技ができたと思います。あらためて拍手を送ります。

・さすが高３と思える演技でした。それぞれが持ち味を出していたので嬉しくなりました。
・若い頃兵庫にいた父親に関西弁を伝授してもらっていましたが、まぁ、何とか役に立ったようです。
・先生方の思い入れと素直な子供たちの演技が相乗効果となって見ている人の気持ちまで素直にしてくれました。子供たちの真摯さに感謝です。きっと沢山の練習の積み重ねのことと思います。学校生活でしかできないことだと思います。きっと心の中にずっと残るでしょうね。
・みんなが自分の役を精一杯努めて、すがすがしかったです。
・まず、キャスティングが絶妙、これに尽きます。それに加えての熱心な練習で台詞もよく聞き取れて楽しめました。
　少年H…名演技の一言。母…背筋がピンとして、まさにあの時代の「母」を象徴していた。

　王子…発声がよいので、台詞がうまい。役になりきっていた。

　王様…風格があり、強い王のイメージを実現化していた。

　姫…美しさに見とれてしまった。

　ドンちゃん…この物語には不可欠な存在。いい味出していました。


【テーマ】
・内容は十分伝わってきました。
・テーマが理解できる子もそうでない子どもも、皆いっしょに取り組んでたくさんの人に見てもらってよい思い出となってくれたことと思います。
・ごくごく私的な意見としては、清濁併せ持ってこそ人間、純粋であることはある意味では危険と考えているのですが、学生の劇のテーマとしては、無難だと思います。

・「この先何があるかわからないけれど、前を向いて進むだけだ！」最後の言葉は、これから卒業していく高3のみんなと重なって、激励の言葉に聞こえました。
・暗い時代に生きていた子どもたちの、夢の世界へのあこがれですね。

【全校教師のアンケートより】
・高3の劇、カーテンを閉めても舞台内が明かりがついていて真っ暗くならなかったので、見ている方は気持ちが途切れなくて良かった。子どもたちがのびのびやっていて、配役も良かったと思う。さすが高3と思いました。
・一番感動したのは高3の「少年H」です。先生方と生徒が一体となって、いっぱいいっぱい努力したことでしょう。
・小・中・高12年間の総仕上げの舞台でした。「少年H」は短時間の中でよくまとまったあらすじと各場面の見せ所がしっかりしていて、観客をあきさせない運びでした。キャスティングも各人の個性を活かした魅力的なもの。18名がみんな光っていました。舞台にスピードと緊張感があり、18名の出演者に拍手を送りたいと思います。
・「少年H」は、芸達者がそろっていて素晴らしかった。小学部からの子、中学部からの子も高等部で主役、準主役に成長することをお祈りする。
・毎年、趣向をこらして制作や準備に大変なことと思います。さて、高3の劇についての感想ですが、時代背景など難しい場面がどう描かれるのだろうと楽しみにしておりましたが、見事に描かれていて感心いたしました。生徒もよく役になりきっていて一人一人いい味を出していてビックリ！
・学校生活最後のみなと祭、感慨深く見させていただきました。子ども達は成長しているな、と実感しました。行事は大変だけど、やはり大切だなと思いました。
・ドキドキしている気持ちと自信をもって演じようとする姿は、とても楽しく気持ちのよいものでした。

【自由欄】

・子どもたちの個性を引き出し、それぞれに活躍の場を与えていただき、よい作品になったと思います。我が子も難しい事はわからないと思うのですが、楽しそうに舞台に立つこともでき、嬉しく思います。

・監督はじめ先生方の執念、および生徒達との信頼関係のたまものだと思います。終わって何か淋しい気持ちもありますね。

・できることなら、「もう一度観たい！」という気持ちです。

（4）担当、総監督として

上演時間約30分…この時間に凝縮された様々なものにこだわりました。時の観念は越えた、と感じています（自分は演劇は素人です。でも映画は大好きです）。教員に対する暖かい言葉を数多くいただきましたが、保護者の方のご理解ご協力や、何より〝18名の名優〟に対し、こちらこそ言わなければなりません……。「ありがとうございました」。

演劇（劇・芝居）とは

・演劇は総合芸術のひとつである。俳優の演技や舞踏・音楽・音響・照明・舞台美術（背景、大道具、小道具）・脚本（台本）、様々な表現を組み合わせてひとつの作品となる。

・演劇と映画との決定的な相違は、ライブであるか、記録映像であるかである。

・「劇」とは、虚構の人物を演ずること（すなわち、自己を虚構化すること）である。

・日常レベルかつ自分の立場からしか、ものを見たり、言ったりできない傾向にある生徒にとって、日常の行動パターンからの脱却につながる。

・情報氾濫化の今、虚構の世界（バーチャル）を自分が直接体験（リアル）することは、きわめて貴重な経験である。

〃演ずる＝なりきる〃ということ

・「演ずること」とは、自ら虚構の人物として行動すること。
・ある設定のもとに自分以外の人間になってものを見、ものを考え、ものを言い、人に働きかけることである。
・そこには、〃想像力とコミュニケーション〃の要素が加わる。
・「演じること」には、生徒の段階・実態に応じた様々な演じ方がある。軽度（①）中度（②）重度（③）3グループに分けてみると、

①劇全体の流れを把握し、その中で自分の役を演じる。
②台詞、動きを覚え、自分の出番を理解する。
③皆と一緒に参加し、楽しむ。などである。

・特に、軽度のグループに焦点をあてて、「演じる＝なりきる」ことを考えてみると、
1．台詞を覚える／2．劇全体の流れ、ストーリーを把握する／3．役の人物像をイメージし、自分の役の位置を理解する／4．台詞に付随した身振りや、台詞のないところでの動きを工夫する。（ノン・バーバル）／5．表情の工夫や、台詞の抑揚や口調を考える。（感情移入・感情表現）／6．相手との間合いを図る。（心理的・物理的距離感）
などがあげられる。

当時を振り返ってみると、生徒（役者）や観客（保護者）の方々の「生のことば」の中に、キラキラと輝くものが

網羅されていることに改めて気づかされる。それこそが、学校劇の魅力である。

①言語活動や身体活動を伴った表現活動である。

②創造性や集団の親和性・帰属意識を高める。

③目的意義を高め持続することで一体感が生まれる。

④役割分担や協力し活動することで協調性・社会性をはぐくむ。

⑤ライブでスポットや拍手をあびることによる成就感・達成感を味わう。

⑥緊張感と弛緩の差を体感する。

⑦各教科（国語・言語活動が中心で、音楽・美術・家庭など）と関連づける。

など、いくつもの意味をふくんでいる。そして「その役になりきる」＝「自分ではない人間を演ずる」を経験することにより、「相手の立場にたつ→他者の存在を意識」「相手（役）はこうだけれど自分はどうだろう→自己の再認識」を感じとり、自立の世界を広げて（自己拡充）もらいたいと思う。

学校劇について、その教育的意義・効果・在り方をいまいちど見直すべきだろう。

＊参考資料　田近洵一『国語教育の方法』（国土社）
田近洵一編『ことばの学び手を育てる国語科の授業』（ぎょうせい）
江口季好『障害児学級の国語（ことば）の授業』（同成社）

（この項の担当：安田昌弘）

4　言葉がなかった重度の子の自立への道

一　小・中学校のころ

彰一郎は自閉的傾向と併せて重度の知的な遅れを持つ子で、小学校は埼玉県狭山市内の特殊学級に学んだ。そして通級していた普通学級の子どもたちによく面倒をみてもらうという育ち方をした。

中学校は都立小金井養護学校に入ったが、そのころには自我が強くなっていて、ゴネて座り込むことが多くなっていた。先生方の方針は「自分でできる適切な課題をこなすことで自信をもたせる。そして本人を認めてあげる。また我慢をする必要がある時は譲らない」というものだった。

たしかにそれまでは、本人の能力より少し高い課題を親が援助したりしてこなすことが多かったので、親としては反省点だった。

自立に向けて、自分一人でやる気をだしてやっていくという目標で中学時代を過ごすことになった。

①自閉的な子どもの特徴でもある場面の切り替えの拙さから、あいかわらず座り込むことが多かった。このことは学校だけでなく、家庭で外出する時もあった。それで目的地や乗り物の順番やのりかえを予め告げた。そうすると見通しが持てるのか混乱することが少なくなった。どうせわからないからと思ってあまり話さないことが多いが、いろいろ話してあげることは大切なことのようである。

②いろいろなことが少しずつわかってきたら、困ったことをした時などきつく注意したり、しからなくても、ゆっくり話すことで解決できることもあった。コツは言ってから少しだけ待ってあげること。決して何度もくどくど言ってはだめ。なにかを指示したい時もこれは有効で、少し待ってあげることで本人は「いやなのだけど、まあがんばろうか」と気持ちの折り合いをつけているようだった。

③学校では人に甘えないで、自ら行動を起こしてやり抜くという課題で三年間教育してもらったことで、本人の得意な作業学習や調理学習や掃除などでかなり自信がついてきたようで、やる気も出てきた。

④下校はスクールバスを利用していたが、下車してから自宅まで徒歩十五分位、ひとりで歩いて帰るなど自立への一歩にとりくんだ。

⑤学校や家庭で文字のなぞり書きや同じ文字のシールを貼るなどの文字獲得のための学習をした。音と結びつく文字が多くなると、得意そうな顔つきで学習していた。

言葉があまり出ていなかったので大きな紙に大きな文字で、要求などを書いてもらった。文字の獲得が完全でないので、こちらの手を添えるなどの介助が必要だったが。(後には手を触れる程度でも書けた)

本人は「○○を食べたい。」とか「○○へ行きたい。」とか「○○を買ってくれ。」などと喜んで書いた。本人もそうだが、私たちも本人の気持ちが理解できてよかった。

二　高等部になって

田無養護学校の高等部に進学してからも、最初はメモのような文章だった。しかし徐々に日記のようになって、内面が成長していった。その中には、初恋や友情や本人の性衝動までもが書かれ、彰一郎をわかってあげる上で大変参考になった。
例として一年生の時に書いた日記をいくつか記そう（創風社刊『しょうちゃんの日記』から引用）。
5月21日（月）
はたけをたがやした。たくさん土をはこんだ。もしかしてKくんがTさんとけっこんするとしたら、ぼくにはかのじょがいなくて、さびしい。
5月22日（水）
KくんがTさんとなかよくしてもさびしくない。ぼくにもかのじょができた。つたえて（伝えて）ないけどSさんだ。
5月30日（水）
（電車のなかで席をうばいあって）となりにかったので、かのじょとすわれた。あつかましいのは、となりかもしれない。かのじょはSさんでさ、ぼくはだいすきでさ、Sさんもだ。
5月31日（木）
もしいいといったら、Sさんのたんじょう日にプレゼントをなにかあげたら、よろこぶかな。
10月23日（火）
りく上きょうぎ大会。たくさんの人がみていたので、おかしくなってたちどまってかたかたふるえた。らいねんは、ちゃんとはしるつもりです。

三　内省の深まりを求めて

二年生になると担任の「大丈夫だよ」という言葉を信頼して、運動会でも走れるようになった。はじめは読み聞かせをしていたが、少しずつ自分で本を読むようになって内省が深まってきた。二年生の時の日記を記そう。

4月29日（日）
太宰治『はしれメロス』をよんで
かんたんなぶんしょうだが、まんぞくできるないようだ。メロスがつらいのをがまんして、はしって、きちんとやくそくをまもった。きつかったのは、まっていたともだちもおなじだ。かんかくてきかもしれないが、Kくんとぼくもこんなかんけいでいたい。

5月4日（土）
芥川龍之介『くものいと』をよんで
かんたんな文だが、おもかった。かんがえてみると、かんだたは、かんだただけ、たすかればよいとおもったのが、まちがえだった。おのれだけよければ、あとはかんけいないというのでは、なさけない。かんだたは、かんだたいがい（以外）の人のこともかんがえたら、くものいとは、まったくそんぞく（存続）していただろう。

5月14日（火）
『けんこうな心と体をたもつために』

かんたんだ。かんかくてきに、からだを大せつにすることは、かんがえている。かんちがいしていたのは、おのずと（自ずと）からだは、けんこうだとおもった。からだは、ばいきんからまもらなくてはならない。せいけつにしょう。かんたんで、かんまんなおはなしだ。

高等部になると電車やバスを利用してひとりで通学していたが、三年生の時に、二回ほど迷子になった。一度は誤って、朝急行電車に乗ってしまってもどれず、川越の農家の納屋で一晩をすごした。本人が連絡帳を見せて、警察から連絡がきた。もう一度はどうも故意ではないかと思うが、帰りに乗り越して池袋まで行って、西武デパートで半日を過ごし、帰れなくなった。駅から警察に連絡された。

現在は地元の社会福祉協議会で運営している福祉作業所で軽作業をしている。毎日徒歩三十分ほどの距離を一人で歩いているが、たまにファミレスなどに寄って帰ってこない。それでGPSの機能の付いた電話をカバンに入れてある。今は安心していられるようになった。

一歳六カ月の検診の時、言葉はなく、奇声が出るばかりで保育園に通い、小学校三年になってやっと「パン・ママ・ミズ」などの言葉が出るようになり、五年生になって遠山真学塾に通って1から5までの足し算が出来るようになり、それでもゴネたりパニック状態にもなった重度障害の彰一郎。

そして中学校、養護学校の高等部で学び、今は福祉作業所に一人で通い、私の誕生日には給料から二千円の花たばを買ってきて祝ってくれるようになった。

この彰一郎の成長を考えると、四つほどの生活自立のために大切なことがあったように思う。第一は中学校以降一人で通学できるように支援して、出来るようになったこと。第二は彰一郎の要求を動作や言葉で表現させ、満足させて喜びを感じさせたこと。第三は「がんばれ。」という指導でなく「彰ちゃんにはきっと出来るよ。」といろいろなことに希望を感じさせて、学校でも家庭でも明るく指導してきたこと。そして第四に、読書の楽しみをもたせてきたこと。高等部のときは普通の小・中学生が読む芥川龍之介や宮沢賢治の作品も読むようになり、『一休さん』や『きっちょむさん』などから『キューリー夫人伝』なども読むようになり、自分を見つめる内省力が育った。

こうして、今では一人で、自分で、いろいろな仕事が出来るように努力して、自立していく力を身につけることができたと、日々の彰一郎の姿を見て感じている。

（この項の担当：仲本静子）

5　青年期における生徒の自立への歩み

私はかつて肢体不自由高等養護学校の国語教員をしていた時に、一人の重い運動障害をもつTさんを2年間（2・3年生）受け持ちました。Tさんは車イスの生活で手も不自由なため、文字を書く時はワープロを使って、時間がかかりながらもたくさんの詩を書いてきました。彼が自主的に書いてきた詩を通して、青年期における自立への歩みと、指導の在り方について考えてみたいと思います。

岩見沢では普通教科（国語等）の授業は学習内容別に行われています。Tさんを担任した4月（2年生が7名）のある日、彼は「先生、詩書いてきてもいい？」と私にたずねました。これをきっかけに、私は授業を担当しているグループごとに国語通信『つぶやき』を発行することにしました。内容は生徒が書いてきた詩などに対して、私の評語（コメント）を中心にすることにしました。そのときに書いてきたのが、次の作品です。

　　勉強ってなんだろう
勉強って　一体何だろう
勉強って　何のためにするのだろう
もちろん自分のためだ
でも　勉強を好きな人もいれば　きらいな人もいる

好きな人はそれぞれ工夫をしている
きらいな人は　遊んでばかりいるのだ
そして　勉強をさぼるのだ
きらいな人は勉強ができないからである
そして　きらいな人は　だんだん退化するのである

『つぶやき』を通した詩の指導において、私は生徒の内面に共感し、はげますことを基本にしました。具体的には、①詩の良い所を引用をもとにはげます（内面の読み取り）、②良い点を生徒が納得のいくことば（コメント）で表わす、③『つぶやき』をみんなの前で読む、の三点です。

(1) 生きる尊さ

Tさんが自主的に書き始めて2か月が過ぎた頃、題材が生きることに移ってきました。

虫の命

虫の命は　非常に短いものだ
虫たちはきっと　死ぬのがいやだろう
たとえば　かげろうだ
かげろうは　生まれて　1日かいや多くても2日半しか生きられない
えさもぜんぜん食べられないんだ

他の虫は　２週間しか生きれないけど　かげろう方がじゅみょう短いけれども
かげろうは　それでも一所懸命に生きている
かげろうは　「もっと、生きられたらなあ。」と思っているだろう
僕が　もし、かげろうだったらやっぱり、「ああ、死にたくない！」と
１日いっぱい言って言っていると思う
ああ、かげろうよ　短いその命を１日でも多く長いきしておくれ……

「命は人間だけでなく、小さな動物にも宿っています。」「そうした小さな動物にも自ら生きていく権利があるんだということに賛同している」Ｔさん、と私は共感しました。

私の誕生日

私の誕生日は二月十二日だ
誕生日がくるのは誰だって嬉しいものだ……
でも　その日になると哀しくなってしまう……
私が　小学校の時……
一番大事にしていた友人が亡くなったのである
私は　二月十二日が毎年くると……嬉しいのか　哀しいのか分からない

「『私の誕生日は　二月十二日』『誕生日がくるのは誰だって嬉しいもの』なのに『私の誕生日』になると『哀しくなってしまう』。そのわけは『私が　小学校の時……』と無言がつづく。やがて『一番大事にしていた友人が亡くなったのである』とつぶやく。」「そして『二月十二日』の『私の誕生日』がくるたびに『嬉しいのか　哀しいのか分からない』と自問自答をする。そこに、Ｔさんの友を思う気持ちが分かります。その気持ちが人のやさしさでしょう。」と私のコメント。動物や人の命を大切にする力、これが自分を大事にし、同時に他者も大切にするのでしょう。

(2)　恋について

青年期は大人に向けての「自分づくり」の時期です。その「自分づくり」に異性への関心が大きな働きをします。

　　鏡に映っている君

鏡に映っている君はまるで　天使のようだ
鏡には　いろんな人が映るけれども　君の方がずうっと美しい
僕は　思わず見とれてしまう
君の溜め息　温もりが鏡に映っている
みにくい僕の心が　君の事ばかり考えている
ああ、君よ僕の心を判って欲しい

この詩は彼を担任して、１か月ほど過ぎた頃の作品です。廊下ですれちがった時「この頃書いていないね」と話したら、翌日にこの詩をもってきました。次のようなコメントを書きました。「『鏡に映っている君』という題がなにかしら恋のなまめかしい雰囲気をかもしだします。そこには、また大人っぽい芽ばえも感じられます。」「『君の溜め息　温もりが鏡に映っている』という表現の中に、作者のいきつぎが聞こえてきそうです。」

片思い

僕は　君のことが好きなのに……
君は　僕のことをどう思っているのか
知りたい……
もし　片思いならば
僕は　悲しむだろう
そして　なにも考えないだろう……
僕から話しかけるが
君からは話しかけてくれない
ああ　やはり片思いなのか……
笑い顔がとてもに合う君……
僕の気持ちは　君のことが忘れられない……
僕の　一つの宝物は君なのに……
君は　気がつかない

あの時の思い出が　心の中にしみついている
一年前のことだったね
僕は　教室の入り口で
誰かと　話していたとき
君がニコっと微笑みながら……
「○○君　よけて……」と言ったね
僕が　よけると……
「ありがとう……」と　また微笑む君が
眩しく　君の微笑みで僕の心は
君が好きになり
いろいろな　ことをしてきたけれど
やはり僕が　片思いだったのか
ああ　ためいきついている僕……
なして　馬鹿なことをしてしまったんだろう……

この作品は3年生になるのを前にして書かれました。これには次のようなコメントを書きました。
「片思いは、だれにでも一度は体験することでしょう。一般的には、甘ずっぱく、もの悲しいといわれています。自分のもやもやをだれに告げ、どうすればよいのでしょうか。」

「『僕は　君のことが好き』だが『僕のことをどう思っているのか』その答えをききたい。しかし、こわくてきけない。また『笑い顔』がよければよいほど『君のことが忘れ』られない、そんな毎日の生活。」

「第二連に入ると、相手の何気ないことばと微笑みにより、その人にひかれていく自分。そして『片思いだったのか』とためいきをつく自分。それにしても、どんな『馬鹿なこと』をしたのでしょうか。ここのところ、意味ありげです。」

彼の書いた「恋」に関する詩を読むと、私たちに人間のあり方を考えさせてくれます。片思いを通して自分を見つめ、相手を思い続けるなかで、悩み傷つき、そうした過程を体験しながら、人間としての内面的な豊かさを身につけていくことが理解できます。同時に、それは障害にも負けないで努力していく姿とも言えましょう。

こうした恋など、自分の気持ちをストレートに表現した詩は、他の高校生に感動を与えるようです。私の勤めていた高等養護学校は地域の高等学校文化連盟に加盟しています。その一つに「文芸部」があり、毎年、管内で文芸部合同合評会を開いています。そこでは参加者が自作の作品を朗読し、作品について他の高校生の感想を聞いたり、批評したりします。Tさんがこの合評会に参加した時、ある普通高校の高校生は「心に思っていることはストレートに表現できない」と言いました。他校の高校生が「こうした詩は書けない」と言いながらも、彼の詩を評価するのはそこに障害の制約をバネに、自分の思いをいちずに飾らないで表現していく、そうした姿勢に共感するのでしょう。

(3) 人生

次の作品は2年生の1学期の終わり頃に、「どうしたら詩を書けるか」という意図的な授業をした時に書かれた作品です。

道

遠い道を歩くとき　歌を歌えば近い
どこへ続く道なのか……、
だれも知らないけれども
僕は太陽を見つめながら歩く
道には　狭い道と広い道とがある
広い道は　アスファルトで行きやすい……
狭い道は　じぐざぐで小石がいっぱい
僕は　どちらをえらぼうか……、
選ぶのはまだまだ早いと思う

「この詩には楽天性がみなぎっています。わかりやすいことばでいえば『こんき・のんき・げんき』でしょうか。これから行くべき道は『まだまだ早いと思う』に、○○さんの『のんき』さと、自分の人生をきびしく見つめるたしかな目が感じられます。」がコメントです。

障害を持つ自分は、どの「道」を選ぶのか、それは「覚悟」に近いものであろう。ゆっくりと考えたいという筆者。私のコメントが良かったとき、生徒はにこっとしたりうなずいたりします。コメントは生徒が教師に出した問題への解答とも言えます。

学校のある岩見沢には郷土の文芸サークルがあり、そこでは『文学岩見沢』という雑誌を発行しています。私の職場にそのサークルの同人の先生がおられたこともあって、彼の作品を投稿してみました。掲載されることになり、その合評会が「文化の日」に開かれ、それに彼が出席しました（私は介助として参加）。そのとき、彼は「僕の詩のつくり方は思いついた文を書き並べ、自分のイメージにそって並べかえます」と言っていました。

この合評会の後に書いた次の作品は、彼の一つの到達点を示していると言えそうです。愛を失って「終着駅」にたどりついた女性。「終着駅」は、実は「始発のえきなのさ」という詩です。まさに、終わりは始まりでもあります。

終着駅

君は今……、
重い荷物を抱えながら
一人立ちつくしている
愛という線路で　終着駅に
君は　べつの列車に乗り換え
君の手のひらには　孤独のチケットがただ残るだけ……
どこへ行けばいいの
誰を待てばいいの……
幸福の故郷に　二度ともうもどれない
二人ずつの影が笑って行き過ぎる
ざわめきの片隅のおんなに気付かずに……

人はみな……
列車に乗った旅人
幸せと不幸せ　かわるがわるしながら
生きて行くのさ……
いつの日か君のとなりの座席に
ひとすじの愛が座る時が来るさ　一人でも……
新しいベルがなる
新しい日々が呼ぶ
君は　重たい荷物は捨て
走って行くがいい
そうさ　終着駅は始発のえきなのさ……
破り捨てたチケットはただの　過去の一つ……

次のようなコメントです。

「モンシロチョウが青虫からさなぎになるとき、口から糸を出し自分の体をつつんでいく。そして、しばらくの間、みずからのカラにとじこもる。とつぜん、成虫になる。そんな感じです。」

「一読して、一連の『君』は女かなと思いました。しかし、『ざわめきの片隅のおんな』をよめば、男とも思われる。

作者の目は『君』と『片隅のおんな』を、そんなに遠くないところから見つめている。作者は、そんな二人を見つめながら、『君の手のひらには孤独のチケットがただ残るだけ…』というように、『君』を説明する。また、『どこへ行けばいいの』というように、君の心も代べんする。」

「このように君の行動を説明したり、心（気持ち）を言ったり、遠くからながめたりするなど、『君』を自由にあやつるとは、大したもんです。表現方法において、また一歩前進しました。それにしても『ざわめきの片隅のおんな』には、どんな過去の幸福があったのでしょうか。」

「二連目は、一連とうってかわって、一連での個人的なできごとを、一般的なものとしてとらえています。個人の人生の一断面を、それは、世の中の一そく面であるという高い立場から説明している。しかも、それを『ひとすじの愛が座る時が来るさ』という楽天性をもって。」

「そのときがきた。『新しいベルがなる』。それは、実は新しい生活の出発でもある。『君は重たい荷物は捨て』て走っていく。作者の目は『破り捨てたチケットはただの　過去の一つ……』と見つめながらはげます。」

彼は「駅」とか「線路」を詩の題材にします。それは駅や線路というものが、人生のある局面を表現しながら、何か意義ある生き方を模索しているのではないでしょうか。

故郷

君に出あった日
線路は春に続いていた
一足　早い季節が僕を誘っていた

今まですべて　忘れたことないのに……
なぜだろう……
君の瞳にすべてを忘れそう
誰かがこの僕を待ち　何かが歌う……
今こそ　青い大地に希望という文字　描きに行こう
その時　故郷は僕に微笑むだろう……

日が沈む時
線路は夏に向かっていた
燃えだしている季節が僕を輝かす
子供の頃に　旅して読んだ本の中
啄木に話しかけては　走っていくのさ
心の長いトンネル　一気にかけぬけ
今こそ青い大空　勇気という雲浮かべてみよう
その時　故郷は　僕を抱きしめるよ
その時　故郷は　僕に微笑むだろう……

この詩のコメントは「感想は二つ。一つは歌いたくなるようなリズム感。二つめは、青春賛歌。それにしても『心の長いトンネル』で『啄木』と何を話しかけたのでしょうか。先生もつぶやきたくなりました。線路は『秋』から『冬』にむけてどう走りだすのだろうか。」です。

これら三篇の詩は「愛」（恋）がキーワードとなっています。恋をテーマにしながら、「道」「駅」「故郷」という一連の語句に、彼がなにがしかの生き方（夢）を求めているような気がします。その生き方は「広い道」か「狭い道」かは分からないが、夢と現実とのはざまの中で問いかけが聞こえてきそうです。

Tさんの詩を「生きる尊さ」「恋について」「人生」の三つに分けて紹介してきました。

「生きる尊さ」では動物や人の命の大切にと歌い、「恋について」では、例えば「片思い」から相手への思いやり、内面の豊かさを理解できます。そして「人生」では、卒業を前にした「道」はどの道を選ぼうかと自問自答を重ね、最後の「故郷」は精一杯の愛を歌っています。

Tさんは重い四肢機能障害をもち、行動等に規制を受けています。不自由ながらも何とかワープロを使って、内部からわきでてくるものを表現してきました。詩作を通して題材が広がり、表現力も高まり、その過程で人間としての内面の豊かさ（人格的自立）を示してくれました。

私が生徒の「つぶやき」を大切にするのは、詩を通して自分を見つめ、自分はかけがえのない存在であることに気づき、そして自己の尊厳に基づく自尊感情（自己肯定）に目覚めてほしいからです。障害をもっている現実を認識しながら、自問自答を通して「自分も見すてたもんじゃない」という自己肯定が、青年期教育において自己形成（人格的自立）の歩みの原動力になるのではないでしょうか。その道程に「障害とは何か」という彼の詩のテーマが現れてくるのを私は待っています。

（この項の担当：高村法保）

四　青年期の実践

1　ボウリングで数字がわかるようになったこと

私がかかわっている青年学級では、学級日に百人以上みんなでボウリングに行くことがあり、また六つの班が自分たちで話し合って、したいことをする「自主プロ」があって、このとき十数人でボウリングに行く日もあります。こうして毎年三回くらいボウリングに行っています。

自主プロで行ったボウリング

加藤義男

ＪＲ蒲田駅西口の交番前に集まって、イモンボール６Ｆに行ってボーリング大会をしました。ぼくはストライク２回とりました。そして２５６点とりました。今までいちばん点を多くとったのでうれしかったです。

松屋で食事を食べました。そして大田区役所に行ってお話をききました。そしてかいさんしました。またボウリングに行きたいです。こんどはストライクを3回とりたいです。

学級生はみんなボウリングが好きです。次回の学級日がボウリングに行く計画だと「先生、こんど、ぼくは何点とれると思う？」などと何人も私に話しかけてきます。

新しく青年学級に入ってきた上野君は、それまでボウリングに行ったことはありませんでした。そこで、私は始めから上野君につきそって過ごしました。上野君は生まれつき頭蓋骨が小さい小頭症です。でも、それほど重症ではなく脳性麻痺的様子はあまり感じられないほどでした。でも二音節の単語が言えることもなく、数字はまったく理解できていませんでした。学級で二年ほど、数回ボウリングに行ったらお父さんが、

「良一はボウリングが好きなようで、ときどき家で『ボ…ボ…』と言いながら、ボールを投げるかっこうをしているので、ボウリングに連れて行きましたら、あくる日から『ボ、ボ』と私の顔を見て行きたがっていまして、親に要求することなど今までまったくなかったようですが、急に成長してきたようで喜んでいます。」

と話しかけられました。私は、

「そうでしたか。ボウリングは良一君の成長のかぎになりそうですね。これからも家での様子をいろいろ教えてください。」

と喜び、良一君への期待を感じました。

そして二年、良一君は学級で数回ボウリングに行った後で、自分でボールをうまくほうれるようになりました。それには月に一、二回良一君とお父さんがボウリングに行って指導されている効果もありました。良一君は自分でボールを投げて、ピンをときどき倒すことができるようになり、私は一本倒したときは、「やったあ。いち。いち。」と指

を出してほめ、手をたたき合いました。良一君は満面に笑みを浮べて飛びあがって喜びました。三本倒れると指を三本出して「さん。さん。」と言って喜びあいました。お父さんから、またこんな話をききました。

「うちのカレンダーに学級でボウリングに行く日と、私といっしょに行く日に『ボ』と書いてあるんです。毎晩カレンダーを指さして『9ボ』『25ボ』と今月は二回行けることを楽しんで私の顔を見ながら言うんです。ボウリング場では二本倒れると『2』と言って、指を二本出して喜ぶし、五本倒れると『5』と言って五本の指を出して喜ぶんです。ボウリングのおかげで数字がわかってきましたね。これは思いがけないことで、もうけものでした。青年学級でいいことやって下さって、これからも、いろいろとよろしくお願いします。」とお礼を言われました。

青年学級では年一回、一泊の宿泊研修旅行をします。区立の伊豆高原や長野県にある移動教室の施設を利用したり、他区の施設を利用したりしています。こんなとき上野君は、私がバスの乗車口に立っているとお「さん。さん？」と指を出して「ぼくは3号車ですね。」と確認して乗り降りするようになりました。また自分が寝るルームの番号も私に確認するようになりました。

昼休みに字も少しずつ教えました。ひらがなも少しずつ読み書きできるようになってきたとき、お父さんが、

「二十歳になって、ことばもずいぶん出るようになってきました。字もおぼえて、やっと四、五歳程度ですかね。」

と言われました。このとき私がお父さんに、

「良一君は十五年間、お母さんのおなかの中にいて生まれてきたと考えればいいじゃないですか。」

と言いました。お父さんは、「そう。そう。そう考えましょう。」と希望に満ちた明るい顔をされました。これから作文や詩も書けるようになっていくことでしょう。良一君が、何を考え、どんなことを書いて成長していってくれるか、私はご両親といっしょに楽しみたいと思います。


（この項の担当：江口季好）

2　調理実習から自立のよろこびへ

青年学級の講座の中に調理実習があります。毎年、二十人以上の学級生がこのコースを希望し、講師を中心に十数名のスタフによってすすめられています。学級生の30％は男性で、楽しい一日をすごしています。講師の先生は毎年、学級生が喜び、役に立つメニューを考えて、買い物もしたりして、学級生は調理の方法を楽しく学んでいます。そのメニューはここ十数年で二百種ほどです。それをいくらかあげてみます。

サンドウィッチ・スパゲティー・手作りウィンナー・ピラフ・ミズレスープ・まぐろソティー・きのこソース・マッシュポテト・焼菓子・とり肉のクリーム煮・抹茶寒天・目玉焼き・ホットドック・ご飯と味噌汁・クリームみつ豆・お好み焼き・ドライカレー・トマトサラダ・パンプディング・コンビフ煮込み・たき込みごはん・春巻き・ホットケーキ・ブルーベリーソース・えびしゅうまい・わかめごはん・コーヒーゼリー・クリームシチュー・クッキー・揚げあんドーナツ・白玉ぜんざい・スコーンとミルクティー・クリームシチュー・フローズンヨーグルト・ババロア・肉じゃが・おひたし・えび天ぷら・かきあげ・スイートポテト・フレッシュサラダ・バナナパンケーキ・パインジュース・オムレツ・おにぎり・豚汁・茶わんむし・ハムサラダ・チャーハン・スープ・プティング・マーボどうふ・水ぎょうざ・あんにんどうふ……あげればきりがありません。

学級生は調理コースに入って数年たつと一般の家庭で作られる食事はほとんど用意できるようになります。もちろん包丁の使い方やガス・電子レンジなど安全に気をつけて扱えるように指導されます。先生は細かいことにも気をつけて「テレビでお塩少々などと言ったりするね。それは小さじ一杯のこと、一グラムよ。」などと教えながらすすめられます。学級生はこんな作文を書いています。

ビラフ、サラダ、ポタージュスープ、ホットドッグ、紅茶、ハンバーグ、いろいろ教えていただきありがとうございます。家でスイートポテトを作りました。自分で作ったものはおいしいね。後藤先生、いろいろ教えてくださってありがとう。私は調理をするのが大すきです。

こうして有意義な楽しい調理を楽しんでいるとき、学級生に不幸なことが起こりました。一人の学級生のお母さんとお父さんが相ついで病気で亡くなられました。弟と二人で生活していて、自分はパン工場で働いている学級生。私は心配でこの学級生に学級日に聞きました。

「お母さんもお父さんもいなくなって、弟とどうしてくらしているの。」

と言うと、

「先生、ぼくは何年も調理をやって後藤先生に教えてもらったので心配いりません。大丈夫です。弟はいつも喜んで食べてくれます。」

と明るく答えました。私はこの若草青年学級は何とすばらしいところだろう、何と有意義な存在だろうと、改めてこの学級の大切さを強く感じました。

もう一つ楽しい話をしましょう。長谷川俊君は調理コースでその技術を身につけました。また演劇コースにも入って、話す力を身につけました。演劇では現代劇でも古典の劇（水戸黄門や和尚さんと小僧さん＝珍念さんの話）、狂言などでもさまざまな挨拶のことばが入っています。この表現に習熟した長谷川君は今、喫茶店のウェーターをしています。そして、若草青年学級の文集にこんな文を書いています。その喫茶店は私の家から三百メートルほどＪＲ大森駅に向かっていく池上通りにある大田文花の森（元大田区役所）にあり、ここに図書館があり、大小の集会室もあり、この喫茶店もあります。長谷川君は若草青年学級の作文集に、こんな作文をのせています。

大田文化の森

6ぱん　長谷川俊

大田文化の森のティーラウンジすばるで五年目になりました。大田文化の森の人は、皆さんがやさしいです。ティーラウンジすばるのおすすめは、うめおぼろうどんがおいしいですよ。ぜひ大田文化の森におこしのさいは、ティーラウンジすばるにおこしください。おまちもうしています。大田区文化の森はティーラウンジすばるをよろしくおねがいします。

ぼくのもくひょうは、30年ティーラウンジすばるでしごとをがんばります。ミスターすばるの長谷川俊です。

この作文を読んで私は思わず拍手しました。私は以前に「みなさん、この私のことは江口先生と言わないで、江口さんと言ってもらいましょう。皆さんと友だちなんだからね。」と言ったことがあります。長谷川君はいま、私のことを「おじいちゃん。」と呼んでいます。

調理の習得によるこうした自立への歩みは心から喜ばないではいられません。

（この項の担当：江口季好）

3　がんばりやの浩君自転車に乗る

毎年年賀状に「仕事を毎日がんばっています。」と書いてくれる青年がいる。浩君である。浩君の職場は、市の清掃センターである。ここで資源物の回収や分別をしている。養護学校の高等部を卒業以来十年以上も続けている。まじめで、がんばりやの浩君は、いっしょに仕事をしている年配の女性たちからの評判も上々のようだ。時々清掃センターに、新聞紙などを持ち込むという元同僚は、「挨拶もよくしてくれて、感じがいいよ。」と言っていた。浩君は、自宅から三キロメートルぐらいの市のはずれにある職場に、三年間ほど自転車で通っていた。現在は、交通事情からべつの交通手段を利用している。

自転車にじょうずに乗れるようになったのはいつからだろうか。私が担任していた小学四年生の頃は、自転車に乗れるようになるというのは、むずかしいことのように、思われた。手足に軽い運動障害もあり、ころびやすい子だった。三年生のときの詩に次のようなものがある。

　　ころんだ

　　　　　　　浩

一年生のくつばこでころんだ。
体そうがおわって、足をあらって、

教室に行くときころんだ。
だれも見ていなかったので
すぐおきた。

このようにとてもナイーブで、くやしがりもし、克服しようとがんばる子どもでもあった。うまくいかないと、顔をくしゃくしゃにし、こぶしを握って「がんばる。」と言っていた姿が目に浮かぶ。

小学三年生のときの家庭訪問で、自転車のけいこについて、次のような話を聞いた。

近所の子どもは、ほとんど自転車で遊んでいるが、浩君は、乗れないので遊べない。自転車のけいこもさせているが、補助車つきでも乗れない。まずペダルが踏めない。ペダルから足がすぐ外れてしまうので、ペダルに足をくくりつけてさせている。自転車を立てて少し踏めるようになったが、後ろにばかり踏んでうまくいかない。

その後、学校でも時々練習をさせたが、なかなかうまくいかなくて、本人も指導するほうもいらいらしてしまうというのが、現状だった。

四年生になって、二年生のクラスメイトが自転車に、乗れるようになったのに刺激されて、また練習を始めた。自転車の止め方やペダルの踏み方の練習をしたけれど、一人では止められなかった。また、踏むほうは、だいぶ上達していたが、まだときどき足がはずれる状態で、続けて続けてとはげまし、踏み方の練習をしていたら、あせびっしょりになって疲れて終了した。また、別の日は、止めている自転車で練習していたのに、自転車を倒してしまい、擦り傷を作って終了。また、自転車の扱いに慣れるよう、運動場を押して回る練習をしたりしたのだが、なかなかまっすぐ行けなかった。このようなことで、学校での自転車乗りの指導は挫折してしまった。

しかし、お父さんは、足をペダルにくくりつけてやりながら、あきらめずに教えられたそうだ。そして、五年生のときの日記に、お父さんと練習して自転車に乗れたことを書いている。それから、少しずつ少しずつ上達して、通勤に自転車を利用するまでになった。くりかえし練習することの大切さと、あきらめてはいけないことを、学ばされた私であった。

学習指導においては、くりかえしの学習で力をつけていった浩君であり、くりかえしの指導の有効性は、十分わかっていたが、身体面の訓練、生活面の訓練は、家庭に勝るものはないということも知らされた。

もう一つ、浩君が仕事を長い間続けてきている原動力としては、がんばろうとする意欲がついていたことも大きいと思う。その意欲は、どんな時育ったのだろうか。前述の「ころんだ」のように、担任の私に告げた言葉をそのまま綴らせて、自分の思いを出させるようにしたことで、自分を見つめる目や、向上心が育ってきたともいえる。

ちいさいときのこと

浩

ぼくが小さいときは、病気がひどかったです。入院しました。
かわいかったそうです。ふとっていたそうです。
ぼくは、小さいとき、ブロックがすきでした。ロボットを作っていました。

これは、小さいときのことをおうちの人に聞いてきて話し、それを作文にしたものである。少しずつ自分に目を向けてきているように思う。

スケート

浩

スケートにいった。
手すりについてすべった。
つよくにぎってすべった。
すてんところんだ。
手をはなしたらすべりこけた。
すぐおきた。でもまたころんだ。
すぐまたおきた。
一周まわった。きつかった。

これは、四年生のお別れ会でスケートに行ったことを書いたもので、浩君のがんばろうとする意欲がよくでていると思う。

このように、日記や作文を振り返ってみると、作文指導は、たんに文章力をつけるだけでなく、生き方にもつながるものだといえるのではなかろうか。

現在、浩君は自転車に乗れることで、行動範囲が広くなり、自転車を生活に生かしているということである。

（筆者：小山禎子）

4　自分の言葉で自分の夢を語る京子さん

県の手をつなぐ育成会主催の相談支援事業の意見発表会で、京子さんが作文を読んで発表をした。

京子さんは現在就業移行支援センターに通っている。勉強してホームヘルパーの資格を取り、お年寄りのお世話をする仕事につきたいと思っている。その夢や、そう思うようになったわけ、現在までの仕事のことなどを語った。発表の内容は次のようなものだった。

京子さんには、小さいときからよくお世話をしてくださったおばあさんがいて、そのおばあさんが病気になられたとき、介護のお手伝いを少ししたが、亡くなってしまわれた。もっとお世話がしたかったなあと思い、またお年寄りのお世話をする仕事がしたいと思った。自分でハローワークに出向き、ある老人福祉施設に勤めることができたが、そこでは掃除の仕事ばかりで、お年寄りのお世話はできなかった。それで、そこは退職して、ホームヘルパーの資格を取る方法を探していたら、さいわい今のセンターに入ることができた。

この京子さんの発表で、京子さんのやさしさが介護の仕事という夢を生んだことや、自分から発表したり、ハローワークを自分ひとりで訪ねたりするなどの積極性がわかってきた。

私の後に担任した人は「小学校低学年のときに言語の力をつけてもらったから、自分でハローワークにも行ったし、自分の思いも言えるのではないか。」と言っている。そこで当時の指導日記を紐解いてみた。

京子さんは、入学当初は積極的なところはあまり見られず、時々登校をしぶり、迎えに行くこともあった。

学習は、語彙を広げること、表現活動を活発にすること、そして、文字を習得することを目当てにしていた。最初のうちは、カードとりをしてもなかなか取ろうとせず、なぞりがきや写しがきのときも、固まったようにして、他の子のするのを見ているということが続いたことを記している。絵もなかなか形にならないという記録もみえる。

一年生のころの文字指導を振り返ってみると、一番初めは、カードのなまえ当てを一年生三人でした。三分の一は知らなかった。三人とも語彙力が不足していたとおもえる。続いて、「あ」のつくものカード集めから始めた。いくつかの絵カードの中から、「あ」のつくもののカードを拾い、その絵の名前を言うという学習で、いくつかの音についてカード集めがじょうずにできるようになったところで、絵なしで「　」のつくものを考えたり、その「　」の字の練習をしたりしていった。

このようなことを続けるうちに、京子さんも他の二人の一年生も、字をおぼえはじめ、どうしてもうまく形のとれなかった「あ」の字もじょうずにかけるようになった。だいたい五十音が終わるまで二学期間かかったようだ。十二月末ひらがな清音は全部書けて、年賀状の指導をしたことの記録がある。

一方で、きのうのこととか、いっしょにしたことなどの口頭作文、詩にも取り組んだ。少ない人数でも友達の前や、先生の前でしゃべることには、最初はたいそう抵抗があったようだ。

また、絵本の読み聞かせ、紙芝居、テレビの視聴などで物語に触れることにも心がけていた。

それから、歌うこと、身体表現をすること、絵をかくことなど表現活動に重点をおいて指導した。

しかし、一年生の間は、他の子からいじわるをされたりもあったが、自分で積極的に言いにくるところまではいたらなかった。

では、いつごろから、自分を表現するようになったのだろう。二年生の秋、すべりだいで遊んでいる自分を描いた絵が、学童絵画展で特選になり、県立美術館の一画に展示された。それを京子さんとお母さんと私の三人で見にいったことを覚えている。

そのころの作文に次のようなものがある。

おおたまころがし

京子

おおたまころがしをしたから、あかがまけたから、しろがかちましたから、わたしはしろがかったからばんざいをしたらうれしかったです。あかがまけたらあかがしたをむきました。おおたまころがしは、よにんでしました。しろが、かちましたからうれしかったです。

このように文字も覚え、作文も書けるようになり、形も絵もかけるようになり、知っている人とは、話をするようになって、表現することに積極的になっていったように思う。

私は、京子さんが、四年生になったとき転勤することになり、その後は、出会うと話をしてくれていた。

今は地元に帰ってきて、夢にむかってがんばっている京子さんを励ましているところである。

（この項の担当：小山禎子）

5　演劇で対話力や社会性が伸びる青年たち

二十四年前、知的障害の青年たちの演劇の指導を始めて、まず取り組んだのは、『和尚さんと小僧さん』という二十分程の無対称演技を基本としたお芝居です。

これは、幾度も子ども達の前で上演し、講師である私の身体に入っているものです。指導は、やって見せて面白さを伝え、口移しに台詞を伝え、仕草を真似させていきました。その中で、個々の性格とことばの能力を知っていったのです。始めてみてまず感じたことは、表情が硬く能力差に開きがあるということです。どうしてコミュニケーションを取ったらいいか戸惑いながらの指導が続きました。

山姥役の松葉君は、初め、皆の前では言葉が思うように出ないだけではなく、緊張して顔や手から汗が出、強張った表情のままでした。しゃべれてもドモリがちです。それほど緊張が見られない学級生も、一言の台詞も覚えていない状態です。一方、台本を読み、自分で台詞を覚えて、苦なくしゃべれる仲間もいます。こうした状況で演劇の楽しさを伝え、皆でやる気をもって活動を続けて行くにはどうしたらと考えました。そこで、花の香りをかいだり、お饅頭を食べたり、風船を膨らませて突いたり、綱渡りをしたりなど、簡単な無対称行為を真似してもらいました。松葉君は、後になって江口先生に「食べていないのに本当にお饅頭を美味しそうに食べなきゃいけないんだ。それが難しいよ。」と話したそうです。そしてよく知っている歌を歌ったり、遠くに呼びかけることなどをして声を出させ、首、胸、腰、手首などを回す体操や、テンポを変えて歩くなどの基礎練習を始めました。お芝居の練習では、どの役もやって見せて面白さを伝えて行きます。台本は学級生の能力、個性に合わせて書き直し、楽しい時間を過ごすように心がけます。雰囲気を引っ張る意味で講師のパフォーマンスの時間が増えますが、機会あるごとに一人ひとりの思いを皆の前で聞きだすことを今も続けています。学級生が落ち着いてしゃべれるようになるには、聞き手がやわらかい雰囲気を作って待つことが肝心です。参加している誰もがこのことを理解するようになりました。先ほどの山姥役の松葉君は五年後、仲間の意見をまとめて発表するようにまでなりました。演劇コースではリーダー的な役割をしてくれました。そして、家庭では、お父さんが亡くなられ、仕事で大変なお母さんの様子を見て、夕食の買い物などして助けています。エレベーター会社に勤める松葉君は、職場でのコミュニケーションをうまくこなせるようになったようです。

吃音障害がある磯崎君の場合は、「目を大きく開いて、息を吸って。」と緊張で言葉が出なくなる度に指示します。皆の前でも平常の呼吸に戻すことが必要です。吃音は緊張のために発音のための息が準備されない状態になることだと考えます。言葉が出せない状態の磯崎君は顔の表情がどんどん硬くなっていきます。閉じた顔を開いた顔へと導く呼吸法、そして肉体の緊張を解く弛緩法が吃音障害には有効だと思っています。こうして磯崎君は、あまり見ていなかったテレビドラマをみるようになり、友達と映画を見に行くようにもなり、社会生活での行動も範囲も広くなったようです。

さて、同じ言葉を独り言のように繰り返す。同じ質問を幾度もする。じっとして話を聞いていられない。皆の前に立つとなかなかしゃべれない。これら自閉症の特徴ですが、演劇の練習の場では、個々の役割とせりふが与えられます。どうであれ、自分の出番を意識した時間を過ごすのです。そして、各自が自分の得意とすることが演劇の中で実現されることになるのです。例えば、川上君の場合、台本を持って、ロミオのせりふを一気に読んでしまいます。語句だけでなく、難しい文体もあります。見事でした。初めは、消極的で、皆と一緒に居られないようでしたが、慣れてくると、簡単な仕草を覚え、自分の出番を意識し、他の人の稽古を見るようになりました。

また鈴木奈穂子ちゃんは、ジュリエットの長台詞を全部覚えて堂々と発表しました。もっと上手になりたい。難しい役に挑戦したいと意欲を持ち続けています。また、友達やリーダーに積極的に話しかけるようになったようです。それは、対話力の成長によるものと思われます。

恥ずかしがり屋の小関美香ちゃんは、ほとんど顔を上げることもなく、前に出てくることも躊躇していましたが、今では覚えてきた台詞を、明るい顔を見せながら言うまでになりました。

菊池君はひょうきんに振舞うような演技や女装して皆の注目を集めることに常に関心があるようです。仕草を大きくして真似させると明るい台詞も出て来るようです。

こうした経験がやる気を生み演劇コースの時間を待ち遠しくさせます。当たり前ですが、自分の表現が他人に認められる場が演劇の場です。

ここで、現在行っている演技指導の内容を紹介しましょう。

呼吸トレーニング―肩を開きお腹を伸ばして、鼻から吸って口から吐く。
姿勢作りのための体操、ウォーキング―自然な呼吸のための運動能力の強化。
笑顔で声を出そう―鼻腔共鳴を軸とした発声のトレーニング。声が前に出るようになります。
朗読を楽しもう―詩や古典の朗読。講師の後を追って読むことで、言葉の音感とリズムを身につけます。
無対象行為を伴う劇遊び―小道具を持たずに想像して行為することは、講師の真似をする集中力を得ます。

皆の前で自分の思い、意見、体験を話す—人前での緊張に打ち勝ち、言葉を発する力を得ます。
好きな童謡を歌おう—歌い慣れた歌を繰り返し歌う。

以上が、これまでほぼ毎回行っている指導内容ですが、姿勢や発音が良くなり、人前での緊張、気持ちの高ぶりを、ある程度、抑えられるようになることを目指しています。それには、一人ひとりが必要としている適切な助言が必要です。その結果、対話力が向上し、仲間と楽しく過ごしています。

さて、学級生には、言葉の障害はなく、積極的に役をこなしている佐藤由美子ちゃんがいます。白雪姫の魔女の役は、3年目になりますが、初めからの迫力に加え、相手役を意識したわかりやすい表現へと上手になっています。彼女の場合、信頼して任せることと、本人が納得して練習に入ることが大切です。彼女のような学級生は少なくありませんが、指導者やスタッフとの信頼関係が必要です。

知的障害、特に自閉症の場合だけではなく、私たちの周りには、コミュニケーションを苦手とする人が多く、人前でのスピーチの場や大勢の中で自分の意見を発表する場では、緊張から思うように行かないことが多いようです。言葉をいかに声に出して表現するか、それは情緒の学習でもあります。演劇コースの場で学習することも多く、大事な機会だと考えます。また学級生にとって、緊張の中でも自己紹介をしたり、台詞を言ったりすることは、言葉の壁を乗り越える第一歩であると思います。前記の指導内容を追究、実践してみてください。

学級生は演劇体験により対人関係がスムーズになり、その社会的な自立への姿は成長を感じさせます。ただ、劇を上演して発表の場を体験させるということだけに意義を持つのではなく、コミュニケーション能力を高めるためのさまざまな実践において、まず指導者や仲間との信頼関係を築くことが大切だと思っています。

最後に演劇の練習の場でよく指導者が怒鳴って緊張感を作っていることがありますが、表現を生み出すのは心のリズムです。イメージの広がりです。また集中力は、緊張ではなくリラックスして、楽しむことが大切です。笑いの出る楽しい指導を心がけていくことが必要だと思います。

こうした演劇指導のなかで、買い物に行こうとしなかった学級生がお店に行って買い物ができるようになったり、近所の人とあまり話をしなかった学級生が自分から旅行に行って楽しかったことを話したり、会社では明るく挨拶するようになったりしています。一人ひとりのこういう変化・成長は演劇指導によって話し言葉とともに対人関係力や社会性が成長していく姿を感じさせられます。

（この項の担当：笈川義和）

6　良夫君は二十五歳

一　明るい希望

良夫君は今年二十五歳。小学校三年生の時担任してから十五年になります。

小学校を卒業してからは、養護学校への通学バスの送迎で通っていました。良夫君が高等部になった年の秋、「先生、良夫の運動会を見に来てください。」という、お母さんからの電話がありました。

はじめて参観する養護学校の運動会の入場行進。車椅子の子どもたち、手押車に乗った子どもたち、元気な子どもたちが入場します。その中に、背が伸びて、堂々とした良夫君の姿を見つけました。高等部の先頭で旗を持っています。生徒会の役をしているということでしたが、良夫君の成長した姿に、目頭が熱くなりました。

高等部を卒業してからは、隣りの町の授産施設に入所して、今年で五年になります。朝は九時ごろ、夕方は六時ごろの送迎バスで通っています。

去年から、クリーニングの仕事をしていて、種分けをしたり、洗ったりしているそうです。

良夫君の楽しみは、図書館へ行くことのようです。日曜日になると二キロばかりのところにある図書館へ自転車で行きます。

図書館に着くと、

「こんにちはー。今、自転車で来ましたー。」

と、大きな声であいさつをします。時には、

「途中、○○君のうちへよって来ました。」

と、つけ加えることもあり、図書館の方には、「あっ、良夫君。」と、すぐわかるそうです。

すぐに、検索機で欲しい本を自分でさがして、借ります。

欲しい本がないときは、予約用紙に記入します。

①あなたのなまえ

②あなたのうちのでんわばんごう

③かしだしけんばんごう

④ほんのなまえ

⑤ほんをかいたひと

⑥しゅっぱんしゃ

など、とてもていねいに記入して予約するそうです。良夫君の借りる本は、鉄道に関するもの、旅行に関するもの、駅弁、すもう、国旗、地図、道路地図、年鑑など、見るものが多いそうです。

良夫君の家では、お父さんが、小さな工場を経営するようになって、十二年になるそうです。仕事は、医薬関係のステンレス機材の加工。お父さんは、次のように話して下さいました。

「今のところ、仕事は順調です。良夫の兄もいっしょに仕事をしており、別に世帯を持って、通ってきています。行

く行くは、良夫にもこの仕事の一部でもできるようにと、溶接の仕事を覚えさせています。兄の世話になるのは難しいかもしれないが、なんとか食べていってくれたらと、始めた仕事です。親として、良夫のためにしてやれることはと、考えてのことなんです。」

お父さんの話し振りには、明るさと、自信が感じられました。

「良夫君、よかったね。がんばるんだよ。」

私は温かいものに包まれたような幸せな気持ちになりました。

二　お父さんの会社で自立の道へ

良夫君が養護学校高等部の生徒会の役員をつとめ、その後授産施設で働き、また図書館に一人で自転車で行って自分が見たい本を検索機でさがして借りる生活をしていること、そして、お父さんは良夫君がステンレス機材の加工の仕事をしていく力があると考えて明るい希望をもっていられること、このように良夫君が成長した姿はどのようなことによって生まれてきたのか、これを明らかにすることは多くの障害をもつ子どもたちのこれからの指導にとって大切なことではないかと思うのです。とくに良夫君は自閉症障害であったため、こういう多くの子どもたちの指導として参考にしていただくこともあるように思います。そこで、その一端を書きとめておきたいと思います。

良夫君の指導について、私がとくに配慮したことは、まず第一に友だちや大人とスムースに会話ができて、相手の言う内容をよく理解し、それに即した自分の考えが言える力を身につけてやりたいということでした。これは端的に言えば「ことばの力」です。ことばの力は、聞く話す力、読み書きの力、そして、語彙や文法の力ですが、ことばは自然や社会や、人間の内面や行動についての認識力と認識内容と深く結びついています。ことばを育てることは人間の全体的な発達を保障するものです。病気や体力増強などもことばの力と強く結びついています。第二に重視したことは社会的な多様な経験をさせるということでした。学校行事や社会的行事にも積極的に参加させ、適切に行動する力を身につけていくこと、読書指導によって社会的な関心をひろげていくことなどでした。

このようなことをどう指導してきたか少し書くことにします。私が担任した三年生のとき、良夫君はひらがな、かたかなの読み書きはできていて漢字も画数の少ない字は読み書きできるようになっていました。しかし、良夫君は、

・けしゴムが落とした。
・遠足が行きたい。
・あした運動会がはれたい。

などと言います。そこで私は助詞の指導に力を入れました。

・□□□が、どうする。（動詞述語文）
・□□□は、どんなだ。（形容詞述語文）
・□□□は、なんだ。（名詞述語文）

というような助詞から、格助詞（の・を・に・へ・と・から・より・で・や）の指導をして、接続助詞（と・ても・ば・が・けれども・のに・ので）、副助詞（も・さえ・しか・でも）、終助詞（な・なあ・よ・さ・の・ね）なども指導しました。これらの指導は、ものとものの関係認識や判断力を育てる大切な指導内容だからです。

それから、二つの単語の文・三つの単語の文・四つの単語の文の指導にすすみ、事物の関係思考力を伸ばす指導にすすみました。こうした指導のなかで映画「おかあさん　ごめんね。」を見た良夫君はこんな感想文を書きました。

おかあさん　ごめんね
よしお

くうちゅうで、ばくはつした。
ひこうきが　とんで　きた。
たくさん　とんで　きた。
ばくだんを　し　あと　いえが　やけた。
きぬちゃん　おかあさんと　あかちゃんがしんだ。
きぬちゃんに　いった。
にげなさい。
おかあさんが　いった。
せんそう　きらい。

八月六日、広島原爆記念日に学校でみた戦争の映画について、映像を思い返しながら心をこめて文を書くことができるようになったのです。

このあと、やきいもをして楽しかったことや、運動会のリレーで走ったことなど、自分からすすんで、主述のととのった、ことがらとことがらの関係もよくわかる作文を書くようになり、また、そういうなかでの行動も、しっかりがんばっている姿、やさしい心づかいをしているところもあって、考え深さが大きく成長している姿を見せてくれました。

このような、子どもの個々の発達に即した教育の対応が、高校生になり生徒会の役員をつとめ、社会人としての生活者の資質を自分のものとして成長している良夫君ではないだろうかと、私は教師としての喜びを感じています。

もちろん、良夫君のお父さんお母さんの家庭教育も良夫君の成長の大きなささえになっていることは言うまでもありません。さらに地域の方々の良夫君への温かい接し方、そして校長先生はじめ学校の全教師、全児童のさまざまな良夫君へのよいかかわり方があったこともたくさん思い出されます。また、障害をもって生きている子どもたちにとって、医学の面から、また福祉の面からの協力と援助も欠くことのできない大切なことです。こう考えると、一人ひとりの子どもの教育というのは総合的な関係のなかにあるものとして、私たち教師には広い視野が大切だと思われます。子どもたちの自立への道はその中でひらかれていくのではないでしょうか。

※なお、良夫君の言葉の指導、実践過程については『自閉症児の国語（ことば）の教育』（同成社）の「第3章　十二　主述の関係がわかる」同「十六『ました。ました。』と書く作文」にやや詳しく書いているのでご参照ください。

（この項の担当：中西弘子）

7　結婚にゴールインするまで

国語教育の研究会が終わった後、雑談していたとき、退職された女の先生が教え子（女）の結婚について「最近の朗報です。」と言って話されたことがありました。そのお話の内容を書いていただきたいとお願いしましたが「文章が下手なので」と遠慮されましたので、その後、もう一度詳しく聞き、私が「聞き書き」としてまとめることを了承していただきました。お話の内容はこんなことでした。

ある日、障害児学級で担任した教え子のお父さんから電話がかかってきました。それは「香奈のことで、結婚させたいと思っていますが、先生のお考えを聞いてみたくなりまして。」ということでした。「それは、うれしい話です。」と言うと、香奈さんといっしょにすぐ来られました。そして、こんなことを聞かれるままに答えました。

いわゆる昔の見合い結婚ですね。どこか一部屋使える喫茶店で会ってもいいですね。ルノアールにもそんな部屋がありますね。こちらも親子三人、仲人役の方と七人、ゆっくりお話できるでしょう。

香奈さんはまだ利男君に会ったことがないですね。ちょっと、おしゃれさせて、利男君に何かプレゼントでも持って行かれたらどうでしょう。

香奈さんは二十六歳、利男君は三十二歳ですね。結婚年齢としては丁度いいですね。香奈さんは今もご近所のそば屋さんで「いらっしゃいませ。」と言って、おしぼりを持って行って、お客さんが帰ったら、食器などをもってくる仕事ですよね。利男君には会ったことがありませんが、養護学校の高等部を卒業したあと、となり町の叔父さんの材木店の仕事を手伝っているということですが、お父さんが会ったときの感じもよさそうで、二人とも買い物やお金の計算もだいたいできるし、ことばも通じるし、本当にいいカップルだと思います。結婚式にはぜひ出席させて下さい。

さきほどのご質問ですけれど、部屋の掃除ができること、料理がどうにかできること、洗濯やアイロンかけができること、近所の人とお話ができることなど、世間なみの半分くらいできるということですけれど、嫁いだ家でお母さんにこれから教えてもらえば大丈夫じゃないでしょうか。ご飯も電気釜があるし、掃除機も使えるなら大丈夫ですよ。

お父さんがこの後「もう一つ心配なことがあります。」と前おきして「結婚するということは性生活があるということですよね。このことについては私は家内も香奈に今まで何一つ教えていませんけれども、このまま結婚させていいでしょうかね。」と質問されました。私は「やっぱり教えておかなければいけないと思います。」と言って香奈ちゃんに「性生活ってわかるの？」と聞きました。香奈ちゃんは首を横にふって「わかんない。」と言いました。お母さんが「どこまで、どういうふうに教えたらいいのでしょうか。そういう本を読ませてもと思いますが、いやらしい本だといけないでしょうから。先生のところに何回か通わせますので、教えていただけませんでしょうか。」と言われました。私は「親の責任です。」と冷たく断ることもできず、「じゃ、少し教えましょう。」と引き受けました。そして「相手の利男君はどういうふうに理解しているでしょう。」と聞くと、お父さんが「やはりちょっと気になってきいたんですが、利男君はお父さんに注意されて、風呂の流し場でときどきマスターベーションしているということでした。男の子はそれは普通のことなんですよ。」と言われました。私は少し心配になって「利男君のお父さんに『香奈さんに、こうしていいの。こうしていい。』と聞きながらしなさいと言っておいてもらうようにお願いしておいたほうがいいですね。」と言いました。

香奈ちゃんもご両親も、お礼を言って帰られ、一週間後、一人で香奈ちゃんが夕方やって来ました。二階に連れていって教えることにしました。

「結婚式がすんだら、昼も夜も今までとちがってずっと利男君の家にいることになるよね。」と言うと、このことは知っていました。また、

「香奈ちゃんは毎月メンスがあるでしょう。自分でちゃんと始末しているの。」と聞くと「はい。」とはっきり答えました。

「それからね。結婚式の夜は、一つの蒲団にあなたは利男君といっしょに寝るのよ。わかってるの。」と聞くと「うん。お母さんから聞いたの。」と言いました。

「いっしょに寝て、どんなことするの。」と聞くと「わかんない」と言いました。そこで私は「結婚式がすんだ夜はね、日本中、世界中、だれでもみんな、香奈ちゃんのお父さんやお母さんも、先生も、みんな香奈ちゃんも先生ももっているメンスの出るところに、男の人のおちんちんを入れるの。そうすると、本当に結婚したことになるのよ。「いやだ。」なんて言ってはいけないの。「わかった?」と言うと、しっかり「はい。」と返事しました。「一回だけじゃなくて、次の日の夜も、また次の日の夜も男のおちんちんを入れてもらうのよ。何回も入れてもらっていると、そのうちに香奈ちゃんも、楽しいと思うようになるの。そうしているとかわいい赤ちゃんが生まれるようになるのよ。わかった?」と聞くと、しっかり「はい。」と言いました。

「来週またおいで。こんどは赤ちゃんが生まれる話をするからね。」と学習予告をして帰しました。

こうして二回ほど話をしたら、私はもう大丈夫だと思いました。香奈ちゃんはその後数回私の話をききに来て、花

嫁さんになることを期待しつつ、半年後に結婚にゴールインしました。私は式に招かれて心から「おめでとう。」を言いました。

香奈ちゃんはいま利男君の妻として、お母さんに家事のことも教えてもらいながら、楽しく新婚生活をしています。

香奈ちゃんがこのような生活をするようになったのは、二年生のとき、普通学級で授業の内容がよくわからず、ひきこもりになりつつあったとき、障害児学級に入り、能力に合った授業で勉強が楽しくなって、全体的に成長するようになったからではないかと思っています。

だいたい、こんなお話でした。私（江口）はこのすてきな話を聞いて、意を強くして、ここに聞き書きを載せさせていただきました。

（この項の担当：江口季好）

第3章

青年学級の自立指導

1　おどろき、悲しみ、喜びの歩み

学級生、百十人を引率して横浜のズーラシアに行きました。ここはコンクリートと鉄の檻の中に動物たちがいる動物園とちがってジャングルのようなところに大きな檻があって野生のいろいろな動物たちが飼われています。一日、十分楽しんで帰るとき駅で人数を調べたら一人いません。みんなを駅前に待たせて私はスタフ（協力者）といっしょにズーラシアに探しに行きました、もうズーラシアの門は閉っていました。また駅にもどって、教育委員会に電話して、帰りが三十分くらい遅くなることを学級生の各家庭に伝えてもらいました。迷子になった学級生の家には私が直接電話で事情を話しました。するとお母さんが、

「うちの子は、あと十五分か二十分すると先生のところに来ます。ご安心ください。」

と言われました。「えっ。」と私は息をのんで「どういうことですか。」と聞き返しました。すると「うちの子は毎日、夕刊サンケイを買わないと落ちつかないで、暴れたりします。今は夕刊サンケイを買いに行くときですので、買ったら、きっとすぐ先生のところに来ます。」という返事。全員を早く帰して改札口で待っていると、お母さんの言葉通り、にこにこ顔で夕刊サンケイをもって、私のところに来ました。驚きました。

私は自分では学級生の一人ひとりについて、その性格や習慣などよく知っているつもりでしたが、それは私の思い上がりでした。

こんな驚きの経験は何回かありました。その過程で私は子どもを指導するための私の先生は心理学の本などではなく、お母さん、お父さんだと、よく理解できました。学級生たちの自立のための指導も、お父さん、お母さんに学ぶ

ことなしにはできないことです。

父母会で悲しい話を聞きました。

「うちの子は、赤ん坊のころ、おばあちゃんがだっこして買い物に行く途中で、歩道の段差のところで転んで、子どもの頭をコンクリートにぶつけて、頭からも耳からも口からも鼻からも血が出て、病院にはこばれました。意識不明の日が何日も続いて、言葉もなくなり、障害児になったんです。おばあちゃんが責任を感じて……自殺する様子に気づいて……そのことが心配で……。」

という悲しいお話。

また、あるときはこんな話の喜びの日もありました。

「生まれた子どもがダウン症と知ったとき、私は心臓が壊れるくらい泣きました。でも笑顔を見て、この笑顔のためなら何でもしようと決心しました。ところが私が胃癌の宣告をされ、一日でも家をあけたことのなかった私が入院して手術しなければなりません。涙していた私に兄は『弟のことは絶対心配するな。絶対生きて帰って来い。』と手を握ってくれました。私はアレルギー体質で無呼吸症になりました。でも、夢の中で『ママ』と子どもが差しのべた手をしっかりつかんで一呼吸しました。この子がいるから死ねないとがんばりました。あの子は私にとって命の恩人です。あの子がいなかったらきっと私は死の淵から生還できなかったでしょうね。あの子は、家の宝ものです。』

私はこの話をきいて「障害のある子どもたちは、家の宝ものだけじゃなくて、この日本の社会の宝ものです。それは、この子どもたちが幸せに生きていくようにすることは、日本全体の人間が幸せに生きていく社会になることですからね。みんなが幸せに生きていかれる見本が、この子どもたちにあるのですから。そういう喜びを今日はしっかりつかみましたね。」と父母の皆さんと確認しました。すると「先生、ひとこと――」と発言された方がありました。

「うちの子はね、会社に一分でも、早くも遅くも行かないで、一年中正確に出勤するんです。ゴミなど落ちていたら、すぐ拾わないと気になる性格で、仕事は寸分まちがいなくやっているようです。だから、品川の区長さんから表彰されたんです。ところが、その後会社が倒産したんです。でも、うちの子に『うちの会社に。うちの会社に。』という声がかかり、失業はしていません。」

私はその表彰状をあずかって、学級生全体の大きな拍手のなかで渡しました。

青年学級を担当していて、いろいろな喜びの日がありました。池上小学校を定年退職して二十二年、この学級生の一人ひとりは、私にとっても父母の皆さんと同じように宝ものでした。胃癌の手術をされたお母さんのように私もこの期間に、肺癌で左肺を切除し、大腸癌で二十センチ切除するなど四回手術をしましたが、学級生と知人、そして家族に励まされて回復しました。

2　学級日

学級日には朝九時に大教室に行きます。学級生が大声で挨拶して教室に入ってきます。だいたい集まったところで私はその日その日、思いつくままにいろんな話をします。前回の学級日からこの日までの社会的ニュースも話し、学級生それぞれの楽しかった体験なども発表させます。

そして九時半までに時間があると、また私は思いつくままにいろんな話をしました。

秋の日、空が青く澄んでいました。私は窓によって「空がきれいだね。こんな空を俳句を作る人は『秋晴れや』と書いて、あとに七・五と続けて一句作るんだよ。」と言って黒板に「秋晴れや」と書き、下の句をいろいろ言わせたりしました。すると山本まり子さんが「三宅島の子どもはかわいそう」と付けました。

秋晴れや三宅島の子はかわいそう　　山本まり子

黒板にこう書いて私はこの句を「日本中の俳句を作る人のりっぱな俳句よりも、みごとな立派な俳句です。」とほめました。秋晴れと三宅島とはまったく関係がありませんけれども、一句の奥深い心ではつながっていると感じられます。不連続の連続の句として味わい深く読めます。

秋晴れや巨人が優勝したうれしいな
秋晴れや日本男子サッカーアメリカに負けた
秋晴れや高橋直子さん金メダル

というような句もできました。私はときどき俳句の話をして、季語のない俳句の話などもしました。学級生たちは俳句を作ると私の住所あてに手紙をそえて送ってくれたりしました。それらを少し学級日に作った作品といっしょにご紹介します。

夏まつりだお好みやきだたこやきだ　　高鍬禎明
白い花赤い花見て山のぼり　　植木純子

コスモスがゆれて咲いてる秋の空　岩塚葉採
自殺した子そうだんする友だちいなかったの　岩塚葉採
テロでトイレがなくなったらトイレにいけない　竹村ゆう子
秋の夜とてもきれいなお月様　安藤　但
タマちゃんがどこまでもいく秋の川　佐藤由美子
運動会大玉ころがしがんばろう　高橋郁美

学級日はこうした私の雑談のあと、朝会に移ります。その日の予定の説明、そして午前中の行事、午後の行事と進行し、三時三十分に、終わりの会になります。

午前中はほとんど趣味活動の時間でそれぞれの教室に行って楽しみます。趣味活動の内容は講師の先生に年間計画をたててすすめてもらっています。その内容は次のようなものです。

私は朝会がすむと、学級生の日記帳を集めて読みます。その後、趣味活動の部屋を一巡します。

音楽コース

学級生は歌ったりダンスをしたり、器楽合奏をしたりして楽しく実技も身につけています。一年中、四季にそった歌が聞こえ「幸せなら手をたたこう・切手のないおくりもの・エーデルワイス・りんご追分」などの歌も聞こえます。学級生が書いた詩に先生が曲をつけて歌ったりもしています。

陶芸コース

学級生は粘土をこねて、お皿・コップ・花びん・壺・鉢・犬・キリン・ぞう・へび・りんご・人物像・バス・飛行機・カメラなどを楽しく作っています。素焼きして釉薬つけ、本焼きと、失敗しないように注意して作っています。

洋裁コース

女性が多いけれども男性も参加しています。布を切り、針に糸を通してぬい、アイロンかけ、ミシンかけなどをして、ショルダーバッグ・キュロットスカート・ナップザック・エプロン・クッション・枕カバー・肩かけなど、上手に作れるようにがんばっています。

演劇コース

学級生はセリフをおぼえて舞台稽古をしています。和尚さんと小僧さん、赤ずきんちゃん、しらゆき姫、おまんじゅうの好きなお殿様、ロミオとジュリエット、大工と鬼六、国定忠治など多彩なもので、ジェスチャーやパントマイムなども楽しんでいます。学級生が脚本を書いて創作劇をすることもあります。

調理コース

このコースには男性が三割入っています。そして、サンドウィッチ・スパゲティー・ピラフ・マグロソティー・焼菓子・鶏肉のクリーム煮・ご飯と味噌汁・みつ豆・ドライカレー・たきこみご飯・コーヒーゼリー・白玉ぜんざい・肉じゃが・茶わん蒸し・チャーハン・マーボ豆腐・クレープなど、先生は「これまで二百種類くらいやりました。」と言われ、学級生の上達ぶりも聞きました。

軽スポーツコース

縄跳び・ピンポン・マット運動・サッカー・バレー・バスケット・野球・ポートボールなどを楽しみ、タタロチカなどのフォークダンス・ジェンカ・ソーラン節などリズムにのってやっています。運動会のときはとくにがんばってやってくれます。運動会はよく池上小学校の校庭でやります。必要な道具も、来賓用の椅子、保健室のことなど、私がよく知っているので便利です。

表現コース

俳句・短歌・詩・自分史・物語の創作などをして、お互いに発表し合い、批評し合いました。私が主に指導し、英語も教え、閉級式のときは英会話で劇をしたりしました。英語の勉強は初めてで、ローマ字・アルファベットを教え、英語の歌を教えたりしていくなかで、とまどいながらも楽しみました。

「ABC Song」「Ten Little Indians」「Happy Birthday To You」「Twinkle Twinkle Little Star」「OLD BLACK JOE」などもよくおぼえました。また、男子も女子も「You are my sunshine」は大好きで、閉級式のときにステージで歌いました。

パソコンコース

パソコンは25台あるので定員は25人です。最初は「パソコン」(国語5＝同成社・68ページ)をコピーして話し、字を書くこと、変換、削除、挿入、字の装飾、絵を描くことなどの指導をします。この実技を身につけることでは自閉傾向の学級生はじつにみごとです。三回くらいでだいたい習得できる学級生もいます。しかし、大問題は文字の変換指導です。

・金魚が詩んでいた。
・お父さんに岩なかった。
・旅行庭つれて違憲と土なった。
・ば酢にのっていたら先生が板。
・契機勇価また液(京急蒲田駅)

・もりが咲きや9里はまの（森ヶ崎や久里浜）

こんなまちがいをあげると、何十何百と、きりがありません。このことは、これからの国語教育の大問題だと思われます。

これらの趣味活動が終わって昼食。午後は班ごとに自分たちでしたいことを話し合って自主プロに移ります。ボウリングに行ったり、カラオケに行ったり、動物園に行ったりします。全員で作文を書いたり、お金について、病気について、マナーについて、身だしなみなど、全体で話し合うこともあり、また、ヒマラヤに登ってきた人や会社の社長さんなどの講話を聞くこともあります。

また、年二回、宿泊研修もします。長野県、群馬県、神奈川県、千葉県など各地へ出かけます。

学級日の活動はだいたい以上のようですが、毎年新しいことをとり入れて計画し活動しますので、活動は、みかん狩りもあり、演芸大会もあり、新聞つくりもやり、映画会もあり、一年間の活動はかなり多彩です。

ご参考に一年間の活動内容を一覧表にしてみます。これは私が若草青年学級の主事として担当し、父母の方々のご要望を聞いて、区の職員、スタフ（協力者）の方といっしょになって計画を立てた一九八七年度のものです。諸項目、諸活動は年度によってちがいますが、大すじにおいては今日まで踏襲されています。

学級生はこれらの学級日の行事や活動をたいへん楽しみにしていて、私とバスの中などで会うと、みんな「今度の学級日は8日だね。」と必ず話しかけてきます。

3　年間活動計画

回	月日	内容	コメント
1	5・8	開級式・オリエンテーション	・さあ、今日から今年度の始まり。今年もみんなで、がんばろう。
2	5・22	班づくり・班対抗ゲーム	・班員の自己紹介。これから一年よろしくお願いします。
3	6・5	作文を書こう・趣味活動	・第一回目の趣味活動。 ・人気は今年から始まった調理コース。
4	6・19	運動会	・紅白に分かれての運動会。 ・パンくい競走や全員リレー。
5	7・5	生活講座（仕事について）趣味活動	・年齢別・就労別にグループをつくり仕事について話し合う。
6	7・23 7・24	宿泊研修（道志の森キャンプ場）中央高速→富士山五合目→道志村	・ついに来た宿泊研修。キャンプファイヤーは盛大に。
7	8・7	講演会「エベレスト登頂」登山隊員　山本宗彦氏	・88年5月5日、エベレストに登頂した山本氏に、エベレストの話を聞く。

8	8・21	教養講座Ⅰ「身だしなみについて」 趣味活動	・ネクタイ結び・お化粧。 よい服装と悪い服装。
9	9・4	教養講座Ⅱ「健康と食生活」 スポーツ大会（キックベースボール）	・日頃の運動不足解消。 階段昇降の測定。
10	9・25	教養講座Ⅲ「茶道を学ぶ」 趣味活動	・茶道の話。千利久という人、お茶をたて、いただく作法。
11	10・2	デイキャンプ（平和島キャンプ場でカレー作り）	・カレーの味くらべ。 ・レクゲーム歌合戦。
12	10・23	教養講座Ⅳ「お金について」	・お金とは。 上手な使い方・貯金。
13	11・6	自主プログラム（川崎の民家園、上野動物園、横浜港、池上本門寺、ボーリング、バーベキューなど班別）	・見たり聞いたりして感じたことや考えたことを作文に書こう。
14	11・20	教養講座Ⅴ（紙すきではがきを作ろう。） 趣味活動	・パルプをとかして金網ですくい、はがきを作り、年賀状に。
15	12・4	年賀状を書こう。 趣味活動	・年賀状の書き方。 友だち、先輩、先生、親戚など。
16	12・18	クリスマスパーティー（コスモス学級と合同で）	・クリスマスの歌をうたってキャンドルの灯りで、プレゼント交換。

17	1・8	ボウリング大会 趣味活動	・投げるフォーム、ストライク……優勝はだれかな。
18	1・22	・作文を書こう(生活) ・カルタを作ろう　趣味活動	・一年間の学級生活をふりかえって作る「若草青年学級カルタ」
19	2・5	・作文を書こう（若草の行事） ・カルタ作り完成。趣味活動	・カルタ作り完成。カルタ大会をしよう。 ・学級祭の発表リハーサル。
20	2・19	学級祭	・趣味活動の発表。洋裁、陶芸など製作したものの展示。目玉焼コンクールなど楽しいね。
21	3・4 3・5	宿泊研修 閉級式	・バレー・ピンポン・散歩。 ・一年間の反省と来年への希望の話し合い。 ・お父さん、お母さんと茶話会。

このほかに大きな行事の前には別の日に班長や実行委員が集まって、運動会の種目や係などの話し合いを持ったり、諸活動の後でその反省をするなど学級生は楽しんでやっています。

これらの諸活動は学級生の自分たちの学級を自分たちですすめていくという自覚もあって、さまざまな自立の内容を身につけ伸ばしていく機会になっています。

ちなみに、学級生に与えている若草青年学級の目標をご紹介しておきます。

①自主性のかん養（自分で考え、自分で判断し、行動する力）

②社会性の育成（みんなとともに歩んでいく力）
③生活の向上（自分の生活は自分で築く）
④心身の健康増進（心も体も健康でたくましく）
⑤余暇の善用（時間のゆとりを心のゆとりへ）

私は宿泊研修や運動会など大きな行事が終わったとき、最後に、話をしてきましたが、そのとき、よく「今日、自分で考えてやったこと、どんなことをしたかな。みんなと力を合わせて、どんなことをしたかな。」などと聞いて、後日に書く作文に結びつけるようにしました。学級生は私の意向にそって、じつにたくさんの生活行動の事実をあげて作文をリアルに書いてくれました。そして、その作文をもとにして話し合いました。行動して、それを書いて、話し合うという青年学級経営の歩みは自立をめざす歩みであったと思います。

また、年間を通じて学級生は自立への歩みをつづけてきたと思います。パソコンコースの小室君は父の日にお父さんにあげる詩を書きました。

おとうさん
パソコンコース　小室信博

いつも、僕達家族の為
汗水たらして働く
チラシを配達している

これからも
体に気をつけて
精一杯、頑張ってください
僕も一生懸命仕事を
探して頑張ります

私がこの詩を読んだら、みんなの大きな拍手が起こりました。それは私の大きな喜びでした。

第4章

転換期の青年学級

一九四七年、新制中学校が発足しました。このとき私は佐賀県で中学校の教師になりました。しかし父母のなかに「中学校にはやらない。家で働かせる。」という声が多くて、私は漁村や農村の部落の家庭訪問をつづけて「義務教育だから学校に出してください。子どもたちは将来、漁業や農業から転職することもあるので、勉強させておかないといけません。」などと話して中学校の就学運動をつづけました。三年後、上京して早稲田大学に三年転入。そして東京で教師になりました。

一九五二年、中学卒業者の高校進学者数は四六・一%で、高校まで義務化を志向していた文部省は、翌年に青年学級振興法を公布しました。中卒で働いている青年達で希望するものには、夜、夜間高校でなく学習することができるようになりました。私はこの青年学級の教師も兼任して、高校の国語教育ふうな授業をしていました。

この頃、特殊学級の卒業生たちはかなり会社に就職していました。大田区には八千社ほどの工場があり、中卒者は金の卵と言われていました。でも、会社で人間関係がうまくいかなくて、また仕事で失敗したりして出社しない子どもがいて、その父母たちは中学校の先生につぎの会社を見つけてほしいなどと相談にくることが多くなり、日曜日など先生たちはこのことで多忙になりました。

そして大田区育成会では、普通中学卒業生の青年学級はあるけれども、特殊学級卒業生の青年学級がないので、いろいろの卒業後の相談もふくめて、この子どもたちの青年学級をつくってほしいという要望を大田区議会に請願しました。この請願は百%の賛成で可決され、一九六七（昭和42）年に大田区蓮沼中学校に蓮沼青年学級という名称で開設されました。主事は校長先生の兼任でしたが、やがて、大田区民センターに移し、社会教育課のなかに専任の主事をおいて運営することになりました。名称も学級生に公募して「若草青年学級」と変更しました。

ところが、一九九九（平成11）年七月、青年学級振興法は国会で廃棄になりました。高校全入運動もあって、農業・工業・商業などの高校、定時制高校、養護学校の高等部なども中卒の生徒を受け入れる体制ができたからです。しかし、心身障害学級の中卒の子どもが現在もいるし、若草青年学級を解散することはできないので、大田区では管轄を区民生活部に移して継続し、今年は創立40周年を迎えました。全国各地では青年学級が廃止されたり、民営化されたりしています。私は大田区のように、区民生活部のなかで、区の予算でこれまで通り運営されることが最善の施策であろうと考えています。

このような青年学級の歴史的転換期にあたり、この子どもたちの自立をめざして、多くの方の支援のなかで充実した教育ができる体制が整えられていくことを私は強く願わないではいられません。

最後に、現代社会に正義を求め人間的愛情を求めている若草青年学級でのこの青年たちの育ちを大きな価値のあることとして、ここにあげる作品をお読みいただきたいと思います。

偽札

松谷秀夫

偽札を作った人が居ます。

カラーコピーで偽造しました。

神社やコンビニ、自動販売機で使用されました。悪い人達です。逮捕された人もいます。部屋に札束が発見されて居ます。もう偽札を出さないで欲しいと思います。

構造を複雑にして欲しいと思います。

そうすると偽造されません。造幣局は偽装されない様に頑張って下さい。私は応援しています。

豪憲くん殺害事件

小室信博

秋田県で
小学一年生の豪憲君が殺害されました。
容疑者は女性で、
畠山静香が近くに住む小学生、
豪憲君の首を紐でしめて殺害しました。
悪い女性です。
そういう事は絶対に許される事ではありません。
殺された豪憲君がかわいそうでなりません。
こういう殺人事件は
二度とおこしてはならない事です。
豪憲君の両親はすごく悲しい事でしょう。
僕も、ものすごく悲しい事です。

おわりに

子どもが大人になって一人で楽しく生活していけるように、また結婚していい家庭がつくれるようにという思いは、万人共通のみんなの願いでしょう。しかし、障害をうけるとその願いはスムースに達成できなくなります。そして、子どもへの、またその家庭への社会的支援が必要になります。それはまったく当然なことです。

一九七五年、国連第三〇回総会で採択された「障害者の権利に関する宣言」はこのことを明確に示しています。その内容をここに詳述することはできませんが、すべての人間が人間としての尊厳に関する権利をもち、同等の権利を有するという思想の原則に基づいているものです。

そして、国際障害者年（一九八一）の具体的目標として五つの行動計画が立てられました。その第一項には「社会への身体的・心理的適応が可能なよう障害者に助力する。」と述べています。わが国でもこの条目に批准し、国政のうえでも地方自治体ででも、この行動計画を作製してすすめてきました。

しかし、わが国では二〇〇五年十月三十一日に衆議院本会議において「障害者自立支援法」が成立し、〇六年四月一日から施行されました。これは、障害があるために必要なサービス利用を利益として、さまざまな面で障害児者がそれを負担するというものです。それは、介護・訓練・医療・補装具・支援事業・入所施設での食費などと多方面にわたっています。いわゆるこの応益負担制度は、私は国連の「障害者の権利に関する宣言」の歴史的潮流に逆行しているのではないかと思います。この法律に一二〇〇億円の補正予算は計上されましたが、三年後はどういうことになるのか、私たちは自立への権利の大きな問題として考えていかねばならぬことでしょう。一本の木や草も公害から守り、水や養分を与え、手あつく育てていかなければすくすくと育ちません。

この著書に子どもたちの自立していく姿を、教科・教科外の各分野での指導をたくさんの方々に書いていただきました。この内容は、ゆきとどいた指導が子どもの日々の喜びと楽しさのなかですすめられていて、わが国の障害児教育の大道を切りひらいていく貴重なものではないだろうかと私は自負しています。こういう指導と実践によって、「みんなのねがい」であるそれぞれの子どもの自立への実践過程が、教科指導だけではく、さまざまな障害の軽減と克服に向けられ、すべての子どもがそれぞれに自分らしい花を咲かせ、実を結んでほしいと、この書を多くの方々にお届けいたします。ご批判などもいただければこの上ない幸いなことです。

二〇〇七年九月

江口季好

執筆者一覧（執筆順　所属は2007年９月現在）

江口　季好 →編者		
根岸久仁夫	（ねぎし・くにお）	東京都文京区立礫川小学校教諭
池本　泰明	（いけもと・ひろあき）	高知県南国市立大篠小学校教諭
佐久間妙子	（さくま・たえこ）	元・岡山県公立小学校教諭
佐野　典子	（さの・のりこ）	元・広島県公立小学校教諭
小西ヒサ子	（こにし・ひさこ）	広島県広島市立中島小学校教諭
野口　由紀	（のぐち・ゆき）	東京都昭島市立田中小学校教諭
関山　禮子	（せきやま・れいこ）	元・群馬県公立小学校教諭
黒田　洋子	（くろだ・ようこ）	長崎県諫早市立上山小学校教諭
寺脇　洋子	（てらわき・ようこ）	東京都府中市教育委員会巡回指導員
岩野しのぶ	（いわの・しのぶ）	元・岡山県美作市立美作中学校教諭
岩元　昭雄	（いわもと・あきお）	保護者（鹿児島県霧島市在住）
下末かよ子	（したすえ・かよこ）	広島県公立中学校教諭
久米　武郎	（くめ・たけろう）	神奈川県横須賀市教育文化研究所研究員
滝　　正導	（たき・まさみち）	元・京都府立与謝の海養護学校教諭
安田　昌弘	（やすだ・まさひろ）	東京都立田無養護学校教諭
仲本　静子	（なかもと・しずこ）	保護者（ＮＰＯ法人・ハンディキャップサポート・ウーノの会理事
高村　法保	（たかむら・のりやす）	元・北海道岩見沢高等養護学校教諭
小山　禎子	（おやま・ていこ）	元・熊本県宇土市立宇土東小学校教諭
笈川　義和	（おいかわ・よしかず）	東京都大田区区民生活部青年学級講師
中西　弘子	（なかにし・ひろこ）	元・岡山県津山市立中正小学校教諭

知《ち》的《てき》障《しょう》害《がい》者《しゃ》の青《せい》年《ねん》期《き》への自《じ》立《りつ》をめざして

■編者紹介■
江口季好（えぐち・すえよし）

1925年　佐賀県諸富町に生まれる。

佐賀師範学校卒業後、早稲田大学文学部卒業。小学校・中学校に勤務。東京都大田区立池上小学校で17年間、心身障害学級担任。

東京都立大学講師・大田区教育委員会社会教育課主事などを勤める。

日本児童文学者協会会員・日本国語教育学会会員・全障研会員。

日本作文の会編『日本の子どもの詩』全47巻の編集委員長として1986年サンケイ児童出版文化大賞を受賞。

〈著　書〉

『児童詩教育入門』『綴方の観賞と批評』『児童詩教育のすすめ』『作文教育のすすめ』『詩集　風凪吹くな』『詩集　チューリップのうた』『児童詩集　はとの目』（以上、百合出版）、『児童詩の授業』『児童詩の探究』（以上、民衆社）、『子どもの詩　えんぴつでおしゃべり①②』（子どもと教育社）、『全面的な発達をめざす、障害児学級の学習指導計画案集』『障害児学級の国語（ことば）の授業』『ゆっくり学ぶ子のための　こくご（全５巻）・国語（全２巻）』（以上、同成社）ほか。

〈共・編著〉

小学校教科書『国語』（日本書籍）、小学校教科書『道徳』（日本標準）、『国語辞典』（日本標準）、『青空文庫』（日本標準）、『こくごだいすき』（三省堂）、『ゆっくり学ぶ子のための　さんすう（全５巻）』『心身障害学級・養護学校詩文集　ことばを生きる力に（第１集）』『心身障害学級・養護学校用「こくご」学習指導の展開』『自閉症児の国語（ことば）の教育』（以上、同成社）ほか。

〈現住所〉

東京都大田区中央7-3-6-305

2007年10月31日初版発行

編　著　江　口　季　好
発行者　山　脇　洋　亮
組　版　㈱富士デザイン
印　刷　モリモト印刷㈱

発行所　東京都千代田区飯田橋4-4-8
東京中央ビル内　㈱ 同 成 社
TEL.03-3239-1467　振替00140-0-20618

ISBN978-4-88621-410-2　C2037